August der Starke

rowohlts monographien
begründet von
Kurt Kusenberg
herausgegeben von
Uwe Naumann

August der Starke

Dargestellt von Katja Doubek

Rowohlt Taschenbuch Verlag

Umschlagvorderseite: August der Starke. Kopie (nach 1718)
eines Gemäldes von Louis de Silvestre
Umschlagrückseite: König August II. von Polen zu Pferde.
Gemälde von Louis de Silvestre, um 1718
Dresden vom rechten Elbufer unterhalb der Augustusbrücke.
Im Hintergrund die Frauenkirche und die im Bau befindliche
Katholische Hofkirche. Gemälde von Bernardo Bellotto,
gen. Canaletto, 1748

Seite 3: August der Starke. Gemälde von
Louis de Silvestre, 1726

Für meinen Vater

Originalausgabe
Veröffentlicht im Rowohlt Taschenbuch Verlag,
Reinbek bei Hamburg, Juni 2007
Copyright © 2007 by Rowohlt Verlag GmbH,
Reinbek bei Hamburg
Umschlaggestaltung any.way, Wiebke Jakobs,
nach einem Entwurf von Ivar Bläsi
Redaktion Regina Carstensen
Redaktionsassistenz Katrin Finkemeier
Reihentypographie Daniel Sauthoff
Layout Gabriele Boekholt
Satz pe Proforma und Foundry Sans PostScript,
InDesign CS2 4.0.2.
Gesamtherstellung Clausen & Bosse, Leck
Printed in Germany
ISBN 978 3 499 50688 8

INHALT

Herzog Friedrich August	7
Kurfürst von Sachsen	22
Augustus Rex	42
Der Nordische Krieg	52
König ohne Thron	58
Altranstädt	64
Zurück in Polen	77
Fürstliches Leben	86
Frieden	97
Wirtschaft und Kunst	103
Die letzten Jahre	123
Anmerkungen	140
Zeittafel	143
Stammbaum	145
Mätressen und uneheliche Kinder Augusts	146
Zeugnisse	147
Bibliographie	149
Namenregister	154
Über die Autorin	158
Dank	158
Quellennachweis der Abbildungen	159

«Der Goldene Reiter» auf dem Neustädter Markt in Dresden. Reiterstandbild Augusts des Starken von Joseph Vinache, 1736. Foto von 2006

Herzog Friedrich August

Am 4. April 1694 tat die zwanzigjährige Sibylla Magdalena von Neitschütz Gräfin Rochlitz ihren letzten Atemzug. Johann Georg IV. warf sich über den Leichnam und bedeckte das Gesicht der Toten verzweifelt mit Küssen. Der sächsische Kurfürst hatte seine Geliebte aufopferungsvoll gepflegt und sich dabei infiziert. Drei Wochen später, am frühen Abend des 27. April, erlag auch er den Blattern. So verlor Sachsen seinen Landesvater und die einjährige Wilhelmine Maria Friederike Comtesse von Rochlitz binnen eines Monats beide Eltern.

Die Nachricht vom Tod des Kurfürsten traf seinen zwei Jahre jüngeren Bruder Friedrich August vollkommen unvorbereitet. Am 12. Mai 1670 am Morgen gegen neun Uhr geboren, war Friedrich August zunächst gemeinsam mit seinem Bruder erzogen worden. Die ersten Kinderjahre verbrachten die Knaben beim wettinischen Großvater väterlicherseits, Kurfürst Johann Georg II. Das Geschlecht der Wettiner war wohlhabend, besaß ausgedehnte Ländereien, Burgen und Schlösser. Am kurfürstlichen Hof lernte Friedrich August, was es hieß, in die Lebensgewohnheiten des hohen Adels hineinzuwachsen. Johann Georg II. liebte die Jagd, veranstaltete große Feste und rief italienische und französische Künstler nach Dresden.

Seine Enkel erhielten eine standesgemäße Erziehung und lebten im stolzen Bewusstsein, Sprösslinge eines traditionsreichen Fürstenhauses zu sein. Später schrieb Friedrich August über den Großvater: *Dieser regierde zeit seiner regierung in ruhe es bliheten unter ihm alle ergezlichkeiten und man kunte sagen das es der schenste hoffe den ein kenig zu der zeit hatte.*[1]

Bis 1680 regierte Johann Georg II. das Land, dann übernahm sein Sohn den Kurhut. Johann Georg III. war von seinem Vater behutsam an die Regierungsverantwortung herangeführt worden und hatte 1666 Anna Sophie von Dänemark, die Tochter des dänischen Königs Frederik III., geheiratet. Am sächsischen Hof

Die Eltern: Johann Georg III. regierte Kursachsen seit 1680.
Gemälde (Ausschnitt) von Samuel Bottschild, um 1680. –
Anna Sophie von Dänemark. Gemälde von Samuel Bottschild (?)

war bald bekannt – der Kurfürst und seine Gemahlin waren ein Paar, wie es unterschiedlicher nicht hätte sein können.

Anna Sophie führte den Titel «Königliche Hoheit». Sie war eine ernsthafte Dame, die neben ihrer Muttersprache Latein, Deutsch, Französisch, Italienisch und Spanisch beherrschte. Während die streng protestantische, hochgebildete Kurfürstin ihre Söhne bereits im zartesten Alter in Fremdsprachen und Religion unterwies, galt ihr Mann als tapferer Haudegen mit flinker Klinge und einem Hang zu Wein, Weib und Gesang. Legendär seine Feste, bei denen es keineswegs nach höfischer Etikette, sondern feucht und fröhlich zuging, bis sich die Gäste kaum noch auf den Beinen halten konnten. Seine Politik war durch großes Engagement im Militärwesen gekennzeichnet, und seine beeindruckten Untertanen gaben ihm nach dem römischen Kriegsgott den Spitznamen «der sächsische Mars».

Ungleich wie die Eltern waren auch die Söhne. Früh zeigte sich, dass der erstgeborene Johann Georg die ernsthaften Anlagen der Mutter, Friedrich August hingegen die robuste Energie und das Temperament des Vaters geerbt hatte. Mit der kräftigen langen Nase und den dunklen Augenbrauen glich er seiner Mutter nur äußerlich.

Anna Sophie legte viel Wert auf die Erziehung der Knaben. Fromme Männer mit gebildetem Geist sollten aus ihnen werden. Zu diesem Zweck wurden drei Erzieher berufen. Johann Ernst von Knoch, der ehemalige Kammerjunker Johann Georgs II., der studiert hatte und juristisch sehr beschlagen war, avancierte zum Hofmeister. Der Musiker Christoph Bernhardi war für den Fremdsprachenunterricht, Italienisch, Französisch und Spanisch, sowie für die musikalische Unterweisung der Knaben zuständig. Wolf Caspar von Klengel sorgte für Kenntnisse in Militärwesen, Festungsbau, Mathematik und Zeichnen. Zudem war es am wettinischen Hof üblich, dass jeder Prinz ein Handwerk erlernte. Die Elfenbeinschnitzereien Friedrich Augusts wurden in der Kunstkammer, dem späteren Grünen Gewölbe, aufbewahrt. Die religiöse Erziehung der Jungen überwachte Anna Sophie persönlich. Von Friedrich August hieß es, dass er, «als er noch nicht reden gekonnt schon allerhand schöne Gebetlein gelernt und ihm bereits im vierten Jahre der Catechismus Doktor Luthers in die Seele gedrückt worden sei»[2].

Die mütterlichen Ermahnungen zu Gottesfürchtigkeit und Nächstenliebe verhallten jedoch ungehört. In den Kinder- und Jugendzimmern der kurfürstlichen Residenz wurde unaufhörlich gezankt.

Friedrich August notierte 1690, man hätte *nur stehten Krieg miet einander*[3] gehabt. Über seinen Bruder schrieb er: *Wahr von Natur und Glietmaßen schwag [schwach], von Gemiette zornig und melanquollich; sehr großes Belieben Wissenschaften zu lernen in welchen er sehr reuchierte [reüssierte – erfolgreich war]*.[4]

Der schwächliche Johann Georg litt tatsächlich unter dem kraftstrotzenden Jüngeren, der ihm die dynastische Position schon als Knabe neidete. Als Erwachsener erinnerte sich Friedrich August: *Dieweil die Natur den ingern [jüngeren] mehr Forteil vor dehm elteren gegeben, wahr er schallus [frz. jaloux = eifersüchtig]; hingegen der ingere misgonte dehm Codrus [Deckname für den Kurprinzen], das die Natur ihm im Gegenteil ihm zum elteren gemacht.*[5]

Vater Johann Georg III. sprach ein Machtwort, die Knaben wurden getrennt. Christian August von Haxthausen, der einem westfälischen Adelsgeschlecht entstammte, bekam die Stelle des Hofmeisters für Friedrich August. Als Zweitgeborener trug dieser nicht den Titel des Kurprinzen, sondern den eines Herzogs von Sachsen – und als solchen musste man ihn nicht auf die Regentschaft vorbereiten. Er sollte seinen Weg eines Tages beim Militär machen, und dafür bedurfte es keiner wissenschaftlichen Kenntnisse. Fortan lagen die Schwerpunkte seiner Ausbildung auf Disziplinen wie Reiten und Fechten, auf halsbrecherischen Jagden, um seinen Mut zu beweisen und Befehle zu geben. Die auf diese Weise ein wenig eindimensionale Erziehung führte dazu, dass Friedrich August das Französische zwar sprach, aber niemals richtig schreiben lernte. Auch die deutsche Orthographie passte er dem gesprochenen Wort nach Belieben an und verfasste seine Briefe in reinstem Sächsisch. Nur ein Lehrer vermochte seine Aufmerksamkeit zu erringen, Wolf Caspar von Klengel.

Bei ihm erwarb er militärisches Wissen, lernte Artilleriewesen und die Kunst des Festungsbaus. Vor allem aber weckte Oberlandbaumeister Klengel das Interesse des temperamentvollen Prinzen für die Architektur. Als Teile Dresdens 1685 bei einem Brand vernichtet wurden, beauftragte Friedrich seinen Exlehrer mit einem Plan für den Wiederaufbau. Geldmangel verzögerte die Umsetzung der Entwürfe, bis der Kurfürst sie dreißig Jahre später hervorholte und ihre Ausführung in Form der Dresdner Neustadt befahl.

Wie sein Vater war auch der Herzog von Sachsen den Damen sehr zugetan und verliebte sich 1686, kaum sechzehnjährig, in Marie Elisabeth von Brockdorff, ein Hoffräulein aus dem Umfeld seiner Mutter.

Anna Sophie war entsetzt, entfernte das Mädchen vom Hof und fuhr mit ihrem Sohn nach Dänemark, die königlichen Verwandten zu besuchen. Die Reise lenkte ihn zwar ab, doch ließ sie den verliebten Jüngling seine Angebetete nicht vergessen. Mit artigen Briefen sicherte er sich das Wohlwollen seines Vaters: *Durchlauchtigster Churfürst, gnedigster Herr vater. Ich habe meines kind schuldigsten Gehorsam erachtet Ew. Gnaden mit dießen aufzu-*

Friedrich August als Fünfzehnjähriger

warten und zu berichten, daß wir mit Ihr.Majet. gestern wieder hier kommen. Vermelde auch, daß das caronsel [Karussellrennen] künftige woche noch vor sich gehen werde, nach welchen man vermutet Ihr Gnad, balt von hier wieder zurück gehen werde. Hoffe ich also das Glück auch bald zu haben, Ew. Gnad. die Hände zu küssen und unterthänigst zu versichern, daß ich mit schuldigsten respect bin Ew. Gnad. unterthänigster sohn und diener Friedrich August H.[erzog] z.[u] S.[achsen]. [6]

Die braven Worte verfehlten ihre Wirkung nicht. Kaum war Friedrich August wieder in Dresden, sorgte sein verständnisvoller Vater dafür, dass Elisabeth von Brockdorff zurück an den Hof geholt wurde.

Inzwischen bereitete Johann Georg III. die Kavalierstour seines jüngeren Sohnes vor. Jeder junge Mann von Stand und Adel hatte eine solche meist mehrjährige Reise zu absolvieren. Sie diente dazu, erlernte Sprachen zu vervollkommnen, die Manieren zu schleifen und sich in Kunst und Architektur zu bilden. Wer etwas auf sich hielt, musste ins Ausland gehen, insbesondere an den französischen Hof zu Versailles. Hier setzte Ludwig XIV. Maßstäbe in Sachen Macht und Pracht. Um das Reisebudget genehmigen zu lassen, teilte der Kurfürst den Direktoren und Geheimen Räten zu Dresden mit, dass er den Herzog in «fremde Lande» zu schicken gedenke, damit er sich «in allen wohlanständigen Fürstlichen Tugenden desto mehr perfectionieren möge».[7]

Am 19. Mai 1687, genau eine Woche nach seinem siebzehnten Geburtstag, brach Friedrich August in Begleitung seines Hofmeisters Christian August von Haxthausen auf. Medicus Dr. Matthäus Pauli und der Theologe Dr. Paul Anton unterstützten den ehrbaren Haxthausen bei den Versuchen, das ungestüme Temperament seines Zöglings in zivilisierte Bahnen zu lenken. Außerdem reisten sein Freund und Kammerdiener Friedrich von Vitzthum zu Eckstädt und ein Stallmeister mit dem kleinen Tross.

Es war allgemein üblich, dass die Fürstensöhne ihre Kavalierstour nicht unter dem eigenen Namen absolvierten. So nahm auch Friedrich August ein Pseudonym an und war als Graf von Leißnig unterwegs. Mit einem einfachen Grafentitel umging man jedwedes Problem, das die strenge Etikette aufwerfen konnte. Natürlich wusste dennoch jeder, wer da von Hof zu Hof reiste, aber die gastgebenden Fürsten mussten nicht über Begrüßungs- und Tischzeremonielle nachdenken.

Nach kurzen Aufenthalten in Erfurt, Frankfurt am Main und Straßburg ging die Reise nach Paris. Graf von Leißnig wurde am 24. Juni in Versailles empfangen. Die prächtige und pompöse Lebensweise des Sonnenkönigs beeindruckte den jungen Sachsen sehr. Zum Verdruss seines Hofmeisters absolvierte er allerdings den vormittäglichen Unterricht und die Studien eher lustlos, während die Ausflüge und Besichtigungen am Nachmittag, vor allem aber die abendlichen Theateraufführungen und Gesellschaften schon eher nach seinem Geschmack waren. An seinen Vater schrieb er: *[...] wie madame la Dauphin mich gar wohl empfangen und sich zu allen gegen mir offeriret, güng nacher auß ihrem gemach auf die lange gallerie, allwo der König zu ihr kam, an welchen sie mich presentierte.* [8]

Madame la Dauphin, die Gattin des königlichen Bruders, des Herzogs Philipp von Orléans, und damit die Schwägerin Ludwigs XIV., war Elisabeth Charlotte, genannt Liselotte von der Pfalz. Aus einem Brief an ihre Tante, die Kurfürstin Sophie von Hannover, wissen wir, welchen Eindruck der junge «Graf Leisnigk» auf sie machte: «Ich kann noch nichts recht von selbigen Printzen sagen, er ist nicht hübsch von gesicht, aber doch wohl geschaffen undt hatt all gutte minen, scheint auch daß er mehr vivacitet hatt alß sein Herr Bruder, undt ist nicht so melancolisch, allein, er spricht noch gar wenig, kann also noch nicht wissen, was dahinter steckt, aber so viel ich nun judiciren kann, so hatt er nicht so viel verstandt wie unßer Printz Carl.» [9]

Während der junge Wettiner sich an der Besichtigung von Befestigungsanlagen und militärischen Übungen ergötzte, klagte Hofmeister Haxthausen, Friedrich August zeige gar zu wenig Interesse an Geschichte und Politik, ganz zu schweigen von seinen mangelnden Französischkenntnissen und mäßigen Fähigkeiten beim Tanz.

Im Herbst 1687 ging der Aufenthalt in der französischen Residenz zu Ende, und Haxthausen erstellte ein präzises «Verzeichnis der Ordinari – Monatli. Ausgaben»:

«800 Taler monatlich, mit dem Wein, ohne das Extraordinaire

175	"	Hausmiethe
80	"	für 7 Pferde zu unterhalten und dem Schmiede
34	"	für die Kutsche, welche der Herr Graf gemietet
224	"	Kostgeld für den Dekor, den Geistlichen, den Sekretär und andere Bediente
65	"	für die Exerzitien in der Akademie, für Kopf und Ringrennen
23	"	für den französischen und spanischen Sprachmeister
15	"	für den Tanzmeister
50	"	für den Herrn Grafen [Friedrich August] als Handgeld
7	"	für den Fortifikationsmeister
160	"	für Reisen nach Versailles für Oper und Kommödien.» [10]

Mit den so ausgegebenen 1633 Talern blieb Friedrich August zur Freude seines Vaters unter den 2000 genehmigten Talern.

Das nächste Ziel war Spanien. Ende Dezember erreichten die Reisenden Madrid. Der Herzog von Sachsen war vor allem vom Escorial beeindruckt und schwärmte von dem riesigen Granitwerk, das auf Weisung Philipps II. zwischen 1563 und 1585 als Klosterkirche und königliche Begräbnisstätte errichtet worden war. Von dort ging es nach Portugal und vier Monate später wieder zurück nach Paris.

Diesmal nahm der Aufenthalt eine unliebsame Wendung. Ludwig XIV. befand sich mitten in einer Auseinandersetzung um das Erbe seiner Schwägerin Liselotte von der Pfalz. Auch Kurfürst Johann Georg III. von Sachsen gehörte zum gegnerischen Bündnis. Ludwig XIV. befahl, Friedrich August in Gewahrsam zu nehmen, um den Vater erpressen zu können. Doch noch bevor die französischen Häscher seiner habhaft werden konnten, brach der sächsische Prinz bei Nacht und Nebel auf und verließ im Mai 1688 mit seinen Begleitern das Land, um nach Venedig zu reisen.

Am 11. Januar 1689 traf der Tross in der Lagunenstadt ein. Vor allem der Karneval begeisterte den Prinzen so sehr, dass er bisweilen im bunten Treiben verschwand, um mehrere Tage später völlig mittellos und erschöpft in die Obhut seines Hofmeisters zurückzukehren. Haxthausen hatte es nicht leicht mit seinem Zögling, der kein Vergnügen ausließ und dabei häufig über die Stränge schlug. Immer wieder fand der junge Mann große Freude daran, seine enormen Kräfte vor Publikum unter Beweis zu stellen. Massive Silberteller rollte er wie Papier zusammen, ein Eisenrohr drehte er mit nur einer Hand zur Schraube. Manches Mal überschätzte er seine Stärke und verletzte sich. So auch in Venedig, als ihm eine schwere Marmorplatte aus der Hand glitt und die große Zehe seines linken Fußes zerquetschte.

Als letzte Station der Tour wurde Rom anvisiert, doch Haxthausens Briefe und Berichte nach Dresden führten dazu, dass Johann Georg III. seinen Sohn bereits früher zurückrief. Am 15. April 1689 war er in Wien, am 20. April bereits in Prag, wohin der väterliche Kurfürst ihm entgegenreiste, um ihn Ende Mai sicher und wohlbehalten wieder in Dresden abzuliefern.

Die Franzosen hatten Mainz besetzt, und das sächsische Heer rückte aus, die Eindringlinge in ihre Schranken zu weisen. Friedrich August tauschte die feine höfische Garderobe gegen eine strapazierfähigere Uniform und stürmte mutig mit der vordersten Kolonne auf den Mainzer Festungsgraben. Hier erlitt er einen Streifschuss am Kopf, der ihn für einige Tage buchstäblich außer Gefecht setzte. Kaum genesen, mischte er sich wieder unter die Kämpfenden und lud seine Flinte doppelt, um eine stärkere Schusswirkung zu erzielen. Stattdessen explodierte das Pulver und riss ihm das erste Glied des linken Daumens ab.

Auch diese Verletzung konnte die kämpferische Begeisterung des kurfürstlichen Sprosses nicht bremsen, und in den folgenden Jahren nahm er an verschiedenen Feldzügen teil. Besonderes Vergnügen hatte er, wenn die Waffen für einige Tage schwiegen. Dann nämlich genossen die Offiziere reichlich Alkohol und weibliche Gesellschaft. Auch hier an vorderster Front Friedrich August, der in dieser Zeit seinen Ruf als Zecher und Frauenheld begründete. Was die Damen betraf, so stand ihm sein Freund und ständiger Begleiter, der Schwede Philipp Christoph Graf von Königsmarck, in nichts nach.

Der elegante Kavalier hatte den Ruf eines unwiderstehlichen Herzensbrechers. Über die Exzesse seines sächsischen Freundes äußerte er sich brieflich allerdings manches Mal entsetzt: «Ich will Ihnen eine schmutzige Geschichte erzählen, die der Herzog von Richmond hat ausführen wollen. Er und Herzog Friedrich ergaben sich der Ausschweifung mit Dirnen; die Ausschweifung führte sie so weit, dass, nachdem sie schon alle Arten von Lastern ausprobiert hatten, der Herzog von Richmond die Mädchen zwingen wollte, sich mit einer großen deutschen Dogge gemein zu machen, Sie verstehen mich doch! Das heißt die Ausschweifung ein wenig weit treiben.» [11]

1690 wurde Friedrich August schwer krank. Die Blattern, die Infektion, die später seinen Bruder das Leben kosten sollte, zwangen ihn mehrere Wochen auf das Krankenlager. Ans Bett gefesselt, beschloss er, einen Roman zu verfassen, der allerdings nur wenige Seiten stark wurde. In diesem Loblied auf das Geschlecht der Wettiner schrieb er kurz über die sächsische Geschichte,

Großvater, Vater und Bruder, um dann zur eigenen Person zu kommen und sich wie folgt zu schildern: *Der wenig achtete und in seiner jugen[d] schon [...] zeigte das er von leibe glideren und constitution stark wehren wierde von gemiette giettig freigebig nichts andres als was eine ehr lihbende sehl anstendig thun sohl liebtr geschickt alle exercitia zu lernen hingegen wohlte er sich zum studiren nicht appliciren sagend er wierd nichts als ein mahl den degen zu seinem fort kohmen bedierffen dero halben ihm in der zarten jugent schon das sohltahten wessen ein gepflanzet wahr.*[12]

Dank seiner ungewöhnlich kräftigen Konstitution und des günstigen Verlaufs der Krankheit überstand er sogar die schwächenden Aderlässe der Ärzte und erholte sich. Wieder auf den Beinen, nahm Friedrich August sein exzessives Leben erneut auf und stürzte sich in Kämpfe und Vergnügen.

1691 grassierte die Pest in Dresden. Kurfürst Johann Georg III. verließ die Stadt, um in Freiberg auf Schloss Freudenstein das Ende der Epidemie abzuwarten. Dort starb er an einer Seuche, von der wir nicht wissen, ob es die Pest oder die Cholera war. Seine Witwe Anna Sophie trug schwer an der Last der Verantwortung für ihre Söhne.

Vieles blieb ihr verborgen, doch was ihr von ihrem Jüngsten zu Ohren kam, reichte noch immer, um sie tief zu beunruhigen. Gemeinsam mit Sohn Johann Georg IV., der die Nachfolge seines verstorbenen Vaters angetreten hatte, beschloss sie, dass Friedrich August unverzüglich heiraten

Johann Georg IV., der ältere Bruder, folgte 1691 seinem Vater auf den kursächsischen Thron.

sollte. Die nachdenkliche, kluge, bescheidene und fromme Christiane Eberhardine von Brandenburg-Bayreuth schien ihr eine passende Braut zu sein.

Längst war die Fama von der beeindruckenden Trinkfestigkeit und vor allem der Lebens- und Liebeslust des Herzogs von Sachsen bis nach Bayreuth gedrungen. Die Braulteltern gaben Bewerbern aus Dänemark und Pfalz-Neuburg den Vorzug und dachten zunächst nicht daran, ihr braves Töchterchen dem Hallodri aus Dresden anzuvertrauen. Beide Heiratsprojekte zerschlugen sich, und am Ende siegte Anna Sophies Beharrlichkeit. Am 27. August 1692 erklärte sich Markgraf Christian Ernst von Brandenburg-Bayreuth einverstanden mit der Verbindung. Friedrich August schrieb an seine Braut:

Durchleichtigst princessin

Nachdem ich Ew. Ld. Eine geraume zeit mit schreiben nicht aufgewahrtet, so kohme ich anitzo mit disn gegenwerdigen zeillen meinen gehorsamsten Respect an ihnen, wehrdeste princessin, abzulegen, kahn auch nicht unberichtet lasen wie ich heitte das mir glickliche ja wohrt von dero herren vatter erlanget, welches aber nicht ohne conticion [Vorbehalt] gewesen, ihndem er mir seine fehrsicherung auf solche ahrt gegeben, woferne es mit Denemarck und Neiburg rickgengig wihrde, von welchen letzteren er selber glaubte, so sohlte ich ihm in dem fahl lieb seyn und mich seines wohrtes fehrsichert halten, nunmero bestehet es bcy ihnen, werdeste princes, mich zu dero dihner zu erwehlen, indem sie durch dero constence [Verhalten] wie auch bei dero frau mutter anmeisten contribuiren [beitragen], enfein sie haben in ihren henden, einen gehorsamen schlafen [Sklaven] glicklich und unglicklich zu machen, wehlches erste mit einem einzigen wohrte, so sie bey dero frau mutter sprechen, gehen kente, anitzo gedenke ich efter an das itahlienische liht, welches ‹dove sei dove dascondi› [wo bist du? Wo verbirgst du dich?] heiset, den ich nicht glaube, das ein greserer turmen sein kahn als sich von so einer incomparabler [unvergleichlicher] brintzesin entfehrnet zu sehen und noch fihl weniger soh balt hofnung hat derselben auf zu wahrten, indessen verhofe ich das Ew. Ld. Sich noch wan sie eintzige augenblicke misig sein dero knechtes erinnern wehrden, welches ihm,

wan er sich dessen flattiren [schmeicheln] darf, die greste consolation
[Trost] sein wihrd, indessen empfehle ich mich der schensten princessin
von der wehlt zur beharlichen gnade der ich bies in doht verharre
Gedreister knecht
Friedrich August H. [Herzog] v. Sachsen[13]

Die erste Seite des Liebesbriefs Friedrich Augusts an
Christiane Eberhardine von Brandenburg-Bayreuth

Christiane Eberhardine fand den Brief reizend und nahm den Antrag an.

Friedrich August reiste zur Verlobung nach Bayreuth und führte am 20. Januar 1693 die brandenburgische Prinzessin zum Altar. Nach der Trauung überreichte er seiner jungen Frau wertvollen Schmuck als Morgengabe. Zur väterlichen Mitgift gehörten unter anderem Silbergeschirr, Juwelen, Preziosen und Leibkammerzwerg Johannes Tramm von Stammbach, der Christiane Eberhardine in ihren unglücklichen Ehejahren ein treuer Gefährte wurde.

Einen Monat später hielt das Paar feierlichen Einzug in Dresden. Sie bezogen im Schloss das erste Obergeschoss des Südflügels. Die im Dezember 1671 geborene Christiane Eberhardine war eineinhalb Jahre jünger als ihr Mann und kam den Beratern am Dresdner Hof mit ihrer behäbigen Seriosität als Partnerin des lebenslustigen Friedrich August sehr entgegen. Vor allem Anna Sophie schätzte ihre tiefgläubige Schwiegertochter sehr. Nur der junge Ehemann stellte schnell fest, dass er für diese Art der Zweisamkeit nicht geschaffen war. Zu viele Gebete, zu wenig Spaß fand er an der Seite seiner Frau. Gerade zwei Monate hielt er es in Dresden aus, dann zog es ihn fort. Das Leben musste mehr zu bieten haben als Religion und traute Zweisamkeit an einem Hof, der nicht einmal seiner war.

Das väterliche Testament gestand ihm eine jährliche Summe von 50 000 Talern zu, lebenslang freies Wohnen im Fraumutterhaus zu Dresden und einen weiteren Wohnsitz in einem der Schlösser der Umgebung. Das reichte ihm nicht, und so nahm er an einem militärischen Handstreich seiner dänischen Verwandten gegen Ratzeburg teil, um nicht zuletzt auch eigene Ansprüche auf das Herzogtum Lauenburg zu bekräftigen. Weihnachten kehrte Friedrich August für einen kurzen Besuch nach Dresden zurück, verließ seine Frau wenige Tage später jedoch wieder und reiste nach Venedig.

Christiane Eberhardine war einsam. So hatte sie sich ihre Ehe nicht vorgestellt. Am 11. Februar 1694 schrieb sie an ihre Mutter: «Der Hertzog würd stüntlich erwartet und verlanget mich gar ser, ihm wider hir zu wißen. Er ist alle zeit gesunt gewesen. Die

Christiane Eberhardine von Brandenburg-Bayreuth.
Zeitgenössisches Schabkunstblatt von Pieter Schenk

lustparkeiten aber zu Vernisse sollen gar Schlegt geweßen seyn, als glaube, es würd ihm wohl gereuen diese reise gethan zu haben [...].»[14]

Die verlassene Ehefrau irrte sich gewaltig. Friedrich August amüsierte sich so gut in Italien, dass er gar nicht daran dachte, zurückzukehren, und sich stattdessen von Venedig nach Rom und Neapel begab.

Kurfürstin-Witwe Anna Sophie beobachtete es mit Missfallen. Nicht nur, dass ihr Zweitgeborener sich nicht nach ihren Wünschen verhielt, Johann Georg IV. machte ihr ebenfalls große Sorgen. Den Blick starr auf dynastische Interessen gerichtet, hatte die Mutter auch die Ehe ihres älteren Sohnes gestiftet. Seit einem Jahr war dieser mit der sechs Jahre älteren Eleonore Erdmuthe

Luise geborene Eisenach, verwitwete von Ansbach verheiratet und höchst unglücklich. Sein Diener Heinrich Besser berichtete: «Er hätte [...] geklaget, es würde ihm heiß und übel, sobald er nur den Fuß zu ihr in das Ehebette setzen wollte.»[15]

Statt seine Frau zu lieben und zu ehren, hatte sich der junge Kurfürst in ein frühreifes und äußerst raffiniertes Mädchen verguckt und merkte, blind vor Liebe, nicht, dass im Hintergrund deren raffgierige Mutter agierte.

Ursula Margarete von Neitschütz machte sich die Schönheit ihrer Tochter zunutze, um aus Johann Georg IV. Geld, Güter und Titel zu pressen. Als die schöne Sibylla 1693 eine illegitime Tochter gebar, wollte er seine Geliebte zur offiziellen Nebenfrau machen. Ein solcher Schritt war nicht ganz einfach und konnte dauern. Um Sibylla die Wartezeit zu versüßen, erwarb Johann Georg IV. Gut Pillnitz und schenkte ihr den prächtigen Landsitz. Die Geste verärgerte Erdmuthe Luise aufs höchste. Hässliche Szenen einer Ehe waren die Folge. Von den zornigen Worten seiner Frau provoziert, griff der sächsische Regent wütend zum Degen und ging auf seine Gemahlin los. Friedrich August, Zeuge des heftigen Streits, sprang unbewaffnet dazwischen, entrang dem Bruder die Waffe und zerbrach sie.

Sibylla von Neitschütz, die Geliebte Johann Georgs IV. Zeitgenössisches Schabkunstblatt von Pieter Schenk

Im März 1694 diagnostizierten die Ärzte Blattern bei Sibylla von Neitschütz. Der Kurfürst steckte sich an und fand nur wenige Wochen nach ihr den Tod.

Kurfürst von Sachsen

Als sein Bruder starb, weilte der Herzog von Sachsen in Italien, während zu Hause in Dresden der ganze Hof gemeinsam mit der unglücklichen Christiane Eberhardine darauf wartete, dass ihr Mann endlich zurückkehrte und neben den politischen auch seine ehelichen Pflichten erfüllte. Wenig später traf er in der Residenz ein und schickte sich an, als Friedrich August I. die Kurwürde zu übernehmen. *Das Land jubelte, mich an die Stelle meines Bruders treten zu sehen, da man mein sanftes Gemüt kannte. Ich hatte seit dem 18. Jahre nur militärische Studien getrieben und nicht die geringste Kenntnis von den Geschäften. Mein einziger Wunsch war kriegerischer Ruhm*[16], schrieb Friedrich August I. elf Jahre später in seinen Fragment gebliebenen Memoiren. Die Erbhuldigung für den neuen Kurfürsten wurde im Juli in Leipzig zelebriert. Dem Protokoll entsprechend versicherten die Stände ihre Loyalität, Bürger und Bauern sprachen den Huldigungseid und brachten die obligatorischen Hochrufe auf den Landesherrn aus. Eine Gedenkmünze, die ihm zu Ehren bereits im Frühling 1694 geprägt wurde, zeigte ihn mit Löwenfell und Keule als «Herkules Saxonicus».

Friedrich August war bereit, die unerwartete Verantwortung zu übernehmen. Als Landesherr und Vormund seiner verwaisten Nichte oblag ihm zunächst die unangenehme Pflicht, sich um die dubiosen Machenschaften derer von Neitschütz zu kümmern. In Dresden war man sicher: Ursula Margarete von Neitschütz hatte Johann Georg IV. verhext. Jetzt erwarteten die Stände, dass sein Nachfolger Friedrich August I. der habsüchtigen Frau und ihren Getreuen den Garaus machte. Als Erstes ließ er Sibyllas Leichnam aus der fürstlichen Gruft der Sophienkirche entfernen. Doch damit war es nicht genug. Längst beschäftigten sich Juristen mit dem, was als «Neitschütz-Affäre» in die sächsische Geschichte eingehen sollte. Akribisch trugen sie Beweismaterial zusammen und forderten ein Gerichtsverfahren. Die Anklage warf Mutter Neitschütz vor, «daß sie eine Hexe sei, sich der Zauberey beflissen und dadurch die beiden Johann Georgen, Kurfürsten, den dritten und vierten dieses Namens, zum Tode, letzteren aber vorhero zu einer ungemeinen Liebe gegen ihre verstorbene Tochter, die Gräfin von Rochlitz, und darneben zugleich auch zu einem unversöhnlichen Hasse gegen seine Gemahlin verleitet, ihre Tochter, welche sie anfangs durch verbotene Mittel dem Herrn von Haxthausen zu verbinden getrachtet, um schändlichen Gewinns willen dem verstorbenen Kurfürsten zu verbotener Liebe zu überlassen, hernach aber mit selbigem sogar als Gemahlin ehelich zu verbinden, vorhero aber darzu in den Fürstenstand erheben zu lassen, getrachtet, zu dem Ende vor sich jedes Mal die Vielweiberey eifrigst verfochten, auch deren Gültigkeit durch andere Deduktion unterstützet»[17].

Die Vorwürfe wogen schwer. Akten wurden gewälzt, Zeugen gehört, Eide und Meineide geleistet. Es kam zu einem Prozess, in dessen Verlauf schließlich auch das Gericht nicht mehr so recht wusste, wie man mit dem Durcheinander aus Unterstellungen und Verdächtigungen umgehen sollte. Das Verfahren endete für alle Beteiligten, ohne Ansehen von Stand und Person, mit mehr oder weniger empfindlichen Haft- oder Geldstrafen. Ursula von Neitschütz verbrachte achtzehn Monate in Gefangenschaft und verlor beinahe ihr ganzes Vermögen, Oberkonsistorialpräsident Gottfried Hermann von Beichling musste sein Amt niederlegen. Er hatte nicht nur die Bigamie des verstorbenen Kurfürsten gebilligt, sondern auch die Verstoßung seiner Gemahlin und den Ausschluss Friedrich Augusts von der Thronfolge befürwortet. Johann Georg IV. und seine Geliebte wollten auf diese Weise ihre Tochter als rechtmäßige Erbin etablieren. Kammerpräsident Ludwig Gebhard von Hoym, er war an Münzfälschungen beteiligt gewesen, ging ebenfalls seiner Privilegien verlustig und wurde als erster Staatsgefangener auf die streng bewachte Festung Königstein gebracht.

Friedrich August hatte energisch durchgegriffen, seine Pflicht erfüllt und vermieden, seine Regierung mit einer Hexenverbrennung zu beginnen. Die sächsischen Untertanen waren zufrieden, und immer leiser wurden die Stimmen, die Kritik an seiner gar zu lustbetonten Lebensführung geübt hatten.

Wenig später sollte sich erweisen, dass der neue Kurfürst von seiner Kavalierstour tatsächlich anderes in Erinnerung behalten hatte als die Schäferstündchen in Venedig. Mehr noch als Italiens schöne Gespielinnen hatte es ihm der Absolutismus nach französischem Vorbild angetan. Friedrich August I. nahm sich vor, sein Land nach diesem Modell zu regieren. Doch das war einfacher gedacht als getan.

In Sachsen verfügten die Stände über eine Macht, die bisher kein Kurfürst wirkungsvoll bekämpft, geschweige denn gebrochen hatte. Ob finanzielle oder militärische Angelegenheiten, ohne die Zustimmung der Stände waren Sachsens Herrschern die Hände gebunden. Ein Zustand, den der ehrgeizige Friedrich August I. zu ändern wünschte. Die Stände ihrerseits hofften auf leichtes Spiel mit einem Regenten, der nicht auf seine Aufgabe vorbereitet war. Die Zweiteilung der Macht leistete der Korruption im Lande Vorschub. Gewiefte Vertreter der Stände bereicherten sich über manipulierte Steuern und unerhörte Betrügereien in derart unstatthafter Weise, dass mehr als ein Drittel der Einnahmen in private Schatullen statt in die Staatskasse flossen. Friedrich August war fest entschlossen, dem ein Ende zu setzen und die absolutistische Linie seines Vaters und Bruders fortzusetzen, sogar zu verstärken.

Dies war der Moment, in dem der junge Kurfürst Hilfe von unerwarteter Seite erhielt. Hans Adam von Schöning, der bereits den verstorbenen Johann Georg IV. beraten hatte und seit 1692 aus politischen Gründen vom Kaiser gefangen gehalten worden war, befand sich wieder auf freiem Fuß.

Im August 1694 kehrte Hans Adam von Schöning aus österreichischer Haft zurück nach Dresden. Friedrich August empfing

Kurprinz Friedrich August

Kurprinz Friedrich August trat als Friedrich August II. nach dem Tod seines Vaters dessen Nachfolge in Sachsen an und bewarb sich um den polnischen Thron. Am 5. Oktober 1733 gewählt, wurde er am 17. Januar 1734 als August III. zum König gekrönt. Trotz des polnischen Thronfolgekriegs behauptete er die Krone ebenso wie den sächsischen Kurhut. In den kriegerischen Auseinandersetzungen der folgenden Jahre kämpften seine vier Halbbrüder für ihn. Als der Siebenjährige Krieg 1763 zu Ende ging, war Sachsen verarmt und entmachtet. August III. starb am 5. Oktober 1763.

Hans Adam von Schöning

1641 bei Küstrin geboren, avancierte Hans Adam von Schöning 1665 nach Jahren im diplomatischen Dienst zu einem überaus erfolgreichen Heerführer. Sechsunddreißigjährig war er Generalmajor, mit dreiundvierzig Gouverneur von Berlin und Kommandeur der Kurfürstlich Brandenburgischen Leibgarde. Anlässlich eines heftigen Streits zog Schöning 1689 den Degen gegen einen General und bezahlte die Attacke mit der Verbannung. 1691 trat er in die Dienste Kursachsens. Um das Land als Militärmacht gegen Preußen zu etablieren, knüpfte er Kontakte mit Frankreich. Damit wurden seine Aktivitäten für Kaiser Leopold gefährlich, der ihn am 4. Juli 1692 entführen und gefangen setzen ließ.

ihn mit offenen Armen, und Schöning entwarf sofort ein innen- und außenpolitisches Programm für ihn: Aufrichtung eines absolutistischen Regimes, Beschaffung von Finanzen durch Steuerreformen und Subsidienverträge, Verstärkung der Armee, Ländererwerb auf Kosten der habsburgischen und schlesischen Nachbarländer.

Die Stände waren entsetzt und zitterten vor dem Mann, der mit seinen Ideen so schnell einen enormen Einfluss auf Friedrich August I. gewonnen hatte. Vor allem riet er diesem, seine Macht durch eine kriegerische Auseinandersetzung mit den Hohenzollern zu erweitern. Bis zu seinem unerwarteten Tod, 1696, blieb der Generalfeldmarschall einer der engsten kurfürstlichen Berater.

Im Herbst 1694 rief Friedrich August I. seinen Landtag zum ersten Mal zusammen. Die Stände, bestehend aus drei Kurien – Prälaten, Grafen und Herren, den Besitzern der Rittergüter, und den Delegierten der Städte –, folgten der Aufforderung ihres Kurfürsten. Um sie nicht unnötig zu provozieren, ging er zunächst behutsam vor und forderte Verzeichnisse der Immobilien, Zinsen, Gerichts- und Lehnsrechte für Kursachsen. Die Stände durchschauten seine Absicht, die Macht auf seine Person zu konzentrieren, und setzten sich heftig zur Wehr. Am Ende der Tagungen musste Friedrich August I. einlenken und versprach, keine eigenmächtigen Steuern zu erheben und auch die Armee bis auf weiteres nicht zu vergrößern.

Dies war die Zeit, in der eine Dame um Audienz ersuchte, deren Name ihm vertraut war. Maria Aurora Gräfin von Königsmarck, die Schwester seines Jugendfreundes, bat um Hilfe. Ihr Bruder Philipp Christoph war verschwunden, möglicherweise wegen einer galanten Affäre mit der verheirateten Sophie Dorothea von Celle Opfer eines Verbrechens geworden. Die Liaison der beiden war am Hof nicht unbemerkt geblieben, Briefe wurden abgefangen und ein Fluchtplan verraten. In einer Julinacht des Jahres 1694 wollte das Liebespaar Celle für immer verlassen, wurde jedoch gestellt und verhaftet. Sophie Dorothea kam in den Kerker, Philipp Christoph von Königsmarck verschwand noch in derselben Nacht von der Bildfläche, und niemand konnte sagen, was mit ihm geschehen war. Vermutlich war er von seinen Häschern getötet und sein Tod vertuscht worden.

Philipp von Königsmarck
1665 in Stade geboren, stammte Philipp Christoph von Königsmarck aus altmärkischem Adel, studierte in Oxford und wurde Offizier. In Venedig lernte der Sohn und Enkel berühmter schwedischer Feldherren August den Starken kennen. Königsmarck folgte ihm nach Dresden, trat aber noch, bevor dieser die Kurwürde übernahm, in die Dienste des Kurfürsten Ernst August von Hannover. Er begann ein Liebesverhältnis mit Sophie Dorothea von Celle, der Gemahlin des Kurprinzen Georg, später König Georg I. Erst 1930 kam ans Tageslicht, dass Ernst August von Hannover ihn wegen der Affäre wohl hatte ermorden lassen.

Aurora von Königsmarck war verzweifelt und hoffte, dass Kurfürst Friedrich August I. dank seiner guten Verbindungen Licht in das Dunkel um den vermissten Grafen bringen würde. Die weltgewandte Schönheit verstand es, sich und ihr Anliegen so geschickt in Szene zu setzen, dass der Kurfürst auf der Stelle für sie entflammte. Ein bewundernder Zeitgenosse beschrieb sie: «Es zeugt nicht eben von gutem Geschmack […] die Reize eines schönen Gesichtes herzuerzählen; dennoch müssen wir bemerken, dass ihr Auge von einem in Deutschland und im Norden überhaupt seltenen Schnitt, lang und ziemlich weit gespalten, das Email vom reinsten, schönsten Weiß war, und der Stern in jenem braunen Lichte schimmerte, das am meisten geeignet ist, die Süßigkeit einer zärtlichsten Seele in sich aufzunehmen, ohne dabei dem Strahl des Geistes Eintrag zu tun. […] Die Nase war schön geformt, der Mund graziös und unendlich beredt, in jeder Wendung durch neue Reize überraschend. Ihr Haar war von einem gewissen Blond, das man lange ihr ‹Schwedisch Blond› nannte [...].»[18] Darüber hinaus sprach die so Gerühmte fünf Sprachen und beherrschte die Kunst, Dramoletts und Singspiele zu verfassen.

Friedrich August hatte sich erst wenige Wochen zuvor aus den Fängen des Fräuleins Sophie von Kessel befreit. Seine Beziehung zu der äußerst kapriziösen und sehr anspruchsvollen jungen Dame führte zu heftigen Konflikten sowohl mit Christiane Eberhardine als auch mit Anna Sophie. Fräulein von Kessel, eine hübsche Hofdame seiner Mutter, war Friedrich August bei einem Besuch aufgefallen. Mit Charme und einem üppigen Geldgeschenk gelang es ihm, sie zu erobern. Es dauerte nicht lange, bis Anna Sophie und ihre Schwiegertochter von der Liebschaft erfuhren und in höchsten Zorn darüber gerieten. Den Kurfürsten vermochten die erbosten Damen nicht zu bestrafen, also dachten sie darüber nach, wie sie Sophie von Kessel loswerden konnten. Die Liste der erörterten Sanktionen reichte von der Einweisung in eine Besserungsanstalt bis hin zur Verbannung. Endlich einigten sich alle Beteiligten darauf, die junge Frau zu verheiraten und mitsamt dem Gatten nach Wittenberg zu versetzen. Das Fräulein verließ als Gemahlin des Feldmarschalls Haugwitz die Residenz, und bei Hof kehrte vorübergehend Ruhe ein.

Bis zu dem Moment, in dem Aurora von Königsmarck erschien. Der Kurfürst sagte der bezaubernden Schwedin seine Unterstützung zu und begann um sie zu werben. Wirkungsvoll unterstrich er seine schmeichelnden Worte mit erlesenen Juwelen. Zu Besuch auf Jagdschloss Moritzburg, fand Maria Aurora von Königsmarck beim Abendessen ein Diadem von solcher Kostbarkeit vor, dass sie nicht länger widerstand und 1694 die erste offizielle Mätresse des sächsischen Kurfürsten wurde. Bei Hof genoss sie hohes Ansehen, erfreute sich großer Beliebtheit und verkehrte sogar mit Anna Sophie und Christiane Eberhardine beinahe freundschaftlich. Immer wieder ermahnte sie ihren Geliebten, sich besonders seiner Frau gegenüber der Etikette entsprechend höflich zu verhalten. Die kluge Gräfin wusste, dass die kurfürstliche Liebe kein Leben dauern würde, und sicherte sich auf dem Höhepunkt der Affäre ihre lebenslange Versorgung

Maria Aurora Gräfin von Königsmarck. Schabkunstblatt von Pieter Schenk, 1705

für das Danach. Mit Friedrich Augusts Protektion sollte sie eine auskömmliche Position im Stift zu Quedlinburg erhalten. Doch noch war es nicht so weit.

Gemeinsam feierten sie den Karneval des Jahres 1695. Als die tollen Tage vorüber waren, klagte Friedrich August über Unwohlsein und Leibschmerzen. Die Ärzte befanden zu viel der «Unordnung auch wohl im Essen, Trincken, Schlaffen und Wachen»[19] und verordneten dem Fünfundzwanzigjährigen eine Heilwasserbehandlung. Eine Mätresse so öffentlich zu präsentieren, wie es der Kurfürst mit Aurora von Königsmarck tat, war in den Augen der katholischen Kirche ein Verstoß gegen das Sakrament der Ehe, aber auch die Protestanten verabscheuten das Mätressenwesen. Im Rechts- und Moralempfinden des Volkes galt es sogar als Vergehen und strafbar. Nach dem Gesetz wurden öffentliche Dirnen mit Landesverweis bestraft, heimliche mit Gefängnis, ebenso wie die mit ihnen verkehrenden Männer. Auch

Kuppelei, die sogenannte wilde Ehe und Ehebruch standen unter Strafe. Doch die herrschende Klasse hatte ihre eigene Moral und fühlte sich an die in ihrem Auftrag geschaffene Gesetzgebung nicht gebunden. Drei angesehene Professoren der erst 1694 gestifteten Universität Halle wurden beauftragt, ein Gutachten zu erstellen. Die Herren Thomasius, Grundling und Ludewig waren Anhänger der aufklärerischen Ideologie und erklärten ausdrücklich: «Daß Odium in Concubinas muß die großen Fürsten und Herren cessieren, dem diese den legibus privatorum poenaliis nicht unterworfen, sondern allein Gott in ihren Handlungen Rechenschaft geben müssen, hiernächst eine Concubina etwas von dem Splendeur ihres Amanten zu überkommen scheint.»[20] Damit war es amtlich: Die allgemeinen Gesetze galten nur für Untertanen, nicht für Regenten.

In den ersten Monaten des Jahres 1696 wurde Maria Aurora von Königsmarck gewahr, dass sie sich in anderen Umständen befand. Das allein wäre noch nicht weiter bemerkenswert gewesen, hätte es in der Residenz nicht kurz zuvor die mit Salutschüssen gefeierte Nachricht gegeben, dass die kurfürstliche Gemahlin Christiane Eberhardine nach dreijähriger Ehe den dynastisch langersehnten Nachwuchs erwartete.

Während sich sowohl seine Frau als auch seine Geliebte auf die Geburt ihrer Kinder vorbereiteten, zog der Kurfürst als Verbündeter des österreichischen Kaisers gegen die Türken. 8000 Männer hatte er aus Sachsen mitgebracht und flößte dem türkischen Sultan zwar Respekt ein, erzielte aber keinen durchschlagenden Erfolg. Friedrich August gab nicht auf. Weitere 4000 Mann rekrutierte er in der Heimat – ein gutes Geschäft –, denn die reichen Bündnispartner Holland und England zahlten die stolze Summe von 400 000 Talern für die sächsische Unterstützung.

Auch diesmal ließ der Kurfürst sich das Getümmel der Schlacht nicht entgehen und bestand im August 1696 ein blutiges Gefecht an der Bega, einem Nebenfluss der Theiß. Was zu Ruhm und Ehre gereichen sollte, endete unerfreulich. Beide Seiten verzeichneten herbe Verluste, und die Türken eroberten die heißbegehrten Geschütze der Gegner. Ein Schuldiger musste gefunden werden, und gleich meldete sich aus Wien eine Reihe österreichischer Generäle zu Wort, die Friedrich August heftige Vorwürfe machten. Bei allem Respekt vor seiner erwiesenen Tapferkeit kreidete man ihm an, dass er sich am Abend vor dem Kampf mit seinen Kumpanen derart betrunken habe, dass er am nächsten Morgen, noch bezecht, den Befehl zum Angriff zum falschen Zeitpunkt gegeben habe. Der Sachse wehrte sich empört: *Soh kan die ganze arme zeigen, das ich fast nichts geßen, viel weniger truncken.*[21]

Leopold glaubte und verzieh ihm nicht nur, sondern bot sogar den Oberbefehl für die nächste Kampagne an. Friedrich August war zufrieden und beschloss, einige Wochen in Wien zu verweilen.

Währenddessen beeindruckte Aurora von Königsmarck die höfische Gesellschaft Dresdens mit ihrem Taktgefühl. Wissend, dass auch die Kurfürstin kurz vor der Entbindung stand, begab sie sich nach Goslar, um dort in aller Stille ihr Kind zu bekommen. Am 28. Oktober 1696 erblickte der kleine Moritz von Sachsen das Licht der Welt. Der lutherische Pastor trug ins Kirchenbuch

Von Augusts Söhnen war Moritz von Sachsen äußerlich und im Charakter dem König am ähnlichsten. Pastell von Maurice Quentin de La Tour, 1748

Moritz von Sachsen

Moritz von Sachsen, Ebenbild seines Vaters, ging zwölfjährig zum Militär. 1711 legitimierte Friedrich August seinen Sohn, verlieh ihm den Titel eines Grafen von Sachsen. Sechzehnjährig verheiratete er ihn mit Johanna Victoria Tugendreich von Loeben. Moritz verprasste das enorme Vermögen seiner Frau und verließ sie. 1725 trug ihm der kurische Adel die Krone des Baltenstaates an. Politische Zwänge verhinderten das Projekt. Der Graf diente unter Ludwig XV. und erwies sich als großer Feldherr. Geliebt von den schönsten Frauen des Landes, wurde er Ahnherr der George Sand. Er starb am 30. November 1750 in seinem Schloss Chambord an der Loire.

der alten Kaiserstadt ein: «Heute, den 28. Oktober, wurde einer vornehmen und hochgeborenen Dame im Hause des Heinrich Christoph Winkel ein Kind männlichen Geschlechts geboren und auf den Namen Moritz getauft.»[22]

Friedrich August befand sich in Wien und beachtete weder diesen noch den Erben, den ihm am 17. Oktober, also nur elf Tage zuvor, seine Gattin geschenkt hatte. Christiane Eberhardine war allein in Dresden und erbat den Beistand ihrer Mutter. Markgräfin Sophie Louise folgte dem Ruf und eilte an das Wochenbett ihrer Tochter. «Ich bin gestern Abent wohl hier angekommen und Unsere Frau Dochter sambt ihren Chur Printzen Gottlob gantz wohl gefunden. Es ist wohl ein allerliebster schöner Engel, ist so groß, als wan er 8 Wochen alt wäre»,[23] schrieb sie am 27. Oktober nach Hause.

Die Kurfürstin reagierte verstört, als sie kurz darauf erfuhr, dass ihr Kronprinz – nach dem Vater Friedrich August genannt – einen gleichaltrigen Halbbruder hatte. Zwei Frauen lagen im Wochenbett, und der wackere Erzeuger vergnügte sich mit der dritten: Maximiliane Hiserle von Chodau, genannt Gräfin Esterle, erlag seinem Charme. Der Kurfürst genoss zärtliche Stunden und stürmische Nächte mit ihr, bis eines Morgens der Gemahl seiner Angebeteten in der Tür stand. Friedrich August sprang aus dem Bett und griff nach seinem Degen. Verängstigt suchte der gehörnte Ehemann das Weite, begab sich schnurstracks zum Kaiser, beschwerte sich bitter und forderte Genugtuung. Friedrich August löste das Problem, indem er einen Vertrag mit dem Grafen aushandelte. Gegen ein großzügiges Honorar, eine Jahresrente von 20 000 Talern, verzichtete Esterle vorübergehend auf seine ehe-

Maximiliane
Hiserle von Chodau,
Gräfin Esterle.
Kupferstich

lichen Rechte und erklärte sich zusätzlich bereit, zukünftige vom Kurfürsten gezeugte Kinder als seine eigenen anzusehen. Gräfin Esterle bekleidete bis auf weiteres den Rang der kurfürstlichen Mätresse. Im Herbst 1696 legte Friedrich August das Oberkommando in Österreich nieder und kehrte am 29. November zurück nach Sachsen, um die Verwaltung der Residenz zu reformieren und endlich seinen Sohn und Thronfolger zu begutachten.

Während Aurora von Königsmarck bei Hof wohlgelitten gewesen war, eilte der Esterle der Ruf voraus, herrschsüchtig, habgierig und verschlagen zu sein. Anna Sophie weigerte sich, die neue Favoritin ihres Sohnes zu empfangen, und zog sich auf ihren Witwensitz Lichtenburg zurück. Die meisten Höflinge bedauerten den Wechsel der Geliebten und erwarteten das Treffen der beiden Damen mit Spannung. Aurora von Königsmarck bewies erneut ihr taktisches Geschick. Die Liebenswürdigkeit in Person, trat sie dem treulosen Friedrich August entgegen und begrüßte ihre Konkurrentin mit ausgesuchter Höflichkeit. Der

Kurfürst wusste es zu schätzen und blieb ihr bis zu ihrem Tod 1728 freundschaftlich verbunden.

In den kurfürstlichen Privatgemächern hing der Haussegen umso schiefer. Christiane Eberhardine empfing ihren Mann frostig. Friedrich August suchte nach einer Möglichkeit, die Stimmung seiner verärgerten Gattin zu heben. Am 9. September 1696 war seine Schwägerin, die Witwe Johann Georgs IV., verstorben. Seit dem Tod ihres Mannes hatte sie ein Schloss im Städtchen Pretzsch bewohnt, das mit ihrem Tod an den Kurfürsten zurückfiel. Am 8. Januar 1697 überschrieb er Christiane Eberhardine Schloss Pretzsch als Tauf- und Weihnachtsgeschenk.

Nachdem Friedrich August keine Anstalten machte, eine Ehe nach ihren Vorstellungen zu führen, sondern stattdessen vor ihren Augen ungeniert mit seinen Mätressen turtelte, entschloss sich die Kurfürstin, der Residenz den Rücken zu kehren.

Schloss Pretzsch, zwischen Wittenberg und Torgau gelegen, wurde renoviert und bis zu ihrem Tod 1727 bevorzugter Aufenthaltsort der kurfürstlichen Gemahlin. Friedrich August ließ sie

Schloss Pretzsch. Foto von 2006

ziehen, stellte jedoch zwei Bedingungen: Sie durfte ihren Sohn nicht mitnehmen und hatte zu wichtigen Anlässen und Festen bei Hof zu erscheinen. Seine Frau beugte sich.

Christiane Eberhardine hatte Dresden verlassen, und der kleine Kurprinz wuchs in der Obhut seiner Großmutter väterlicherseits auf. Aus der Ferne verfolgte Friedrich August, dass Anna Sophie sich gewissenhaft um die Erziehung seines Sohnes kümmerte, und traf bei Bedarf Verfügungen für den Filius, der eines Tages sein Erbe antreten sollte.

Ein halbes Jahr zuvor, am 17. Juni 1696, war in Polen König Jan III. Sobieski gestorben und hinterließ nicht nur den Thron, sondern als einer der reichsten Herrscher Europas auch gutgefüllte Schatztruhen. Polens Adel suchte einen Nachfolger für die Krone. Nach seiner Verfassung war Polen eine Republik, hatte als Wahlmonarchie aus traditionellen Gründen jedoch einen König als Oberhaupt. Tatsächlich lag die Macht allerdings in den Händen des Adels, der den König wählte.

Seit Jahren verbanden enge wirtschaftliche Beziehungen Sachsen und Polen, und Friedrich August hatte sich in den Kopf gesetzt, die beiden Nationen unter seinem Zepter zu vereinen. Gemeinsam mit seinem Ersten Minister und engsten Vertrauten, Jakob Heinrich Graf von Flemming, traf er die notwendigen Vorbereitungen.

Flemming, selbst mit einer Polin verheiratet, erwies sich in der Mission Friedrich Augusts als überaus geschickt; es gelang ihm, für seinen Herrn das schwierige polnische Terrain zu erkunden und ihm die Wege zu ebnen.

Jakob Heinrich von Flemming

1667 in Pommern geboren, studierte Jakob Heinrich von Flemming in Frankfurt / Oder, Utrecht und Leiden, diente fünf Jahre als Offizier in Brandenburg und wechselte 1693 in sächsische Dienste. Als engster Vertrauter Augusts des Starken machte er eine steile Karriere. 1703 Gesandter in Kopenhagen, 1705 General und Kriegsminister, 1707 Gouverneur von Dresden, 1711 Feldmarschall, 1712 Dirigierender Kabinettsminister – was immer Friedrich August ihm anvertraute, Flemming erfüllte seine Aufgaben mit Geschick und bedingungsloser Loyalität. Er starb 1728 während einer diplomatischen Reise.

Jakob Heinrich von Flemming, der wichtigste Mann an Friedrich Augusts Seite. Werkstattwiederholung (nach 1728) des Gemäldes von Louis de Silvestre aus dem Jahr 1728

Zunächst galt es, die Konkurrenten einzuschätzen. Mit dem sächsischen Kurfürsten bewarben sich andere Herren von Stand. Ludwig XIV. von Frankreich präsentierte seinen Verwandten, Prinz Conti. Piastenprinz Jakub Sobieski wollte die Nachfolge seines verstorbenen Vaters antreten. Außerdem bekundeten Kurfürst Maximilian II. Emanuel von Bayern, Karl Philipp von Pfalz-Neuburg, Leopold von Lothringen, der Markgraf Ludwig von Baden und Don Livio Odescalchi, der Neffe des Papstes Innozenz XI., ihr Interesse. Bei näherer Betrachtung zeigte sich, dass nur drei von ihnen reelle Chancen hatten:

Mit dem mächtigen französischen König im Hintergrund konnte sich Prinz François-Louis de Conti berechtigte Hoffnungen machen. Auch Markgraf Ludwig von Baden war ein aussichtsreicher Anwärter für den polnischen Thron. Er hatte vor Jahr und Tag die Türken auf spektakuläre Weise geschlagen, trug seither den Spitznamen «Türkenlouis» und war ein anerkannter

35

Feldherr. Neben diesen beiden schien sich zunächst Jakub Sobieski, Sohn und Erbe des verstorbenen Königs, zu positionieren. Seine Mutter schrieb einen Brief an den Adel, in dem sie ihren Sohn als Nachfolger empfahl. Die Reaktion war unerwartet heftig. Der polnische Adel wollte um jeden Preis verhindern, dass Polen auch nur dem Anschein nach eine Erbmonarchie werden könnte. Um zu verdeutlichen, dass Jakub auf keinen Fall in Frage kam, ließen die Adligen vom Henker einen Scheiterhaufen errichten und verbrannten das Empfehlungsschreiben öffentlich.

Erfreut sah die Fraktion Augusts des Starken, dass damit nur noch zwei ernsthafte Gegner zur Wahl standen. Ludwig von Baden schied als Nächster aus. Finanziell nicht ausreichend ausgestattet, musste er sich zurückziehen.

Die Franzosen lockten den polnischen Adel mit mehr als drei Millionen Livre und nahmen damit die Wahlmänner für Prinz Conti ein. Als jedoch offenbar wurde, dass Ludwig XIV. seine Schatztruhen erst im Falle des Wahlsieges zu öffnen gedachte, wendete sich das Blatt. Flemming erkannte Bargeld als Schlüssel zum Erfolg und überließ es seinem Regenten, die nötigen Mittel zu beschaffen. Währenddessen leistete der Minister mit einem angeheirateten und sehr potenten polnischen Verwandten auf diplomatischer Ebene ganze Arbeit.

Der mächtige Magnat, Kronschatzmeister Jan Jerzy Przebendowski, warf all seinen politischen Einfluss in die Waagschale und setzte sich nach Kräften für den sächsischen Kandidaten ein. Zug um Zug gelang es Flemming und ihm, die Wahlbeteiligten von den Vorzügen Friedrich Augusts I. zu überzeugen. Er würde dem Land Wohlstand bringen und es in Frieden führen.

Im Februar 1697 verfasste der sächsische Kurfürst eine Denkschrift, die ihn seinem ehrgeizigen Ziel näherbringen sollte, sie begann mit den Worten: *Umb Pohlen in Flor und ansehen gegen seine nachtbarn zu setzen.* [24] Er skizzierte seine Pläne, die *commercien in schwang* [25] zu bringen, Manufakturen zu errichten, nicht nur fremde Waren zu importieren, sondern das Geld im Lande zu lassen und mit anderen Ländern Warentausch zu betreiben. In Polen selbst wollte er reiche Familien etablieren und dafür sorgen, dass der polnische Adel mit *den selben nicht so übel imgehen* [26] kann. Juden sollten nicht geduldet, Zollbefreiungen niemals gewährt werden. Ferner seien vier Universitäten und Akademien zu gründen und gelehrte Leute zu berufen, und die *justiciensachen missen besser atministriert werden, den anitzoh wirfet der reige den armen übern hauffen und ist keine gerechtigkeit in keiner sache*[27]. Zum Schutz gegen ausländische Bedrohungen müssten die Grenzen mit Festungen versehen werden. Denn ein offenes Land reize den Feind zum Überfall, *dah er aber festungen findet darf er sich nicht nein wagen und in den rücke lassen*[28]. Die befestigten Plätze seien außer mit Garnisonen auch mit Magazinen zu versehen, die Proviant für drei Jahre haben müssten. Außerdem seien Artillerie und genügend Munition erforderlich sowie der Bau verschiedener Seehäfen und einer ansehnlichen Flotte. Zum Schutz für das ganze Land brauche man vier Heeresformationen: eine an der Küste, die andere an der pommerschen und schlesischen Grenze im Westen, die dritte an der Grenze zu Ungarn und Siebenbürgen und eine vierte Armee im Osten zur Sicherung gegenüber dem russischen Reich. Zum Unterhalt dieser Armeen, Festungen, Flotten und Waffen wollte er eine Staatskasse mit 20 Millionen Talern einrichten, die durch regelmäßige Kontributionen auf diesem finanziellen Stand gehalten werden sollte.

In Polen zeigte man sich beeindruckt von den weitreichenden Überlegungen und ehrgeizigen Zielen des Sachsen. Jetzt galt es nur noch unter Beweis zu stellen, dass der Kurfürst über die notwendigen enormen finanziellen Mittel verfügte. Die sächsischen Stände waren ihm keine Hilfe, und auch wenn er alle anderweitigen Einkünfte zusammenzählte, reichte die Summe niemals aus, um die Polen endgültig zu überzeugen. Friedrich August I. sann auf Abhilfe. Als Erstes verpfändete er seine Juwelen, doch die wertvollen Schmucksteine brachten nicht genug ein. Also verkaufte der Wettiner eine Anwartschaft auf das Herzogtum Lauenburg an die hannoverschen Welfen und verbuchte 900 000 Taler – noch immer zu wenig. Friedrich August entschied sich zum Ausverkauf und veräußerte gegen den heftigen Protest seiner Untertanen die Ämter Gräfenhainichen, Borna, Pforta und Mansfeld. 1 235 000 Taler flossen in die Staatskasse, aber er brauchte mehr. Der Regent fällte eine in der Heimat unpopuläre

Entscheidung und nötigte größere Städte Sachsens zu Zwangs-
anleihen. Vier Millionen Taler presste er auf diese Weise den
verärgerten Bürgern ab, und es war noch nicht genug. Friedrich
August wandte sich an Berend Lehmann, einen der angesehens-
ten Bankiers der Zeit. Der tüchtige Hofjude verschaffte seinem
Fürsten insgesamt zehn Millionen Reichstaler – ein hoher Preis
für Krone und Zepter angesichts der Tatsache, dass ein einfacher
Handwerker seine Familie mit ungefähr 25 Talern Jahresgehalt
ernährte.

Nachdem er über das Geld verfügte, musste Friedrich August noch eine weitere Voraussetzung erfüllen. Die sächsischen
Kurfürsten waren seit Generationen protestantisch, doch auf
den polnischen Thron konnte nur ein Katholik gelangen. Im
Grundgesetz des Königreichs Polen stand schwarz auf weiß geschrieben, «daß zu ewigen Zeiten kein anderer als welcher der
römisch-katholischen Kirche zugetan sei, zu einem König von
Polen erwählt werden solle»[29].

Pragmatisch bereitete der Fürst seinen Glaubenswechsel
vor. Erstes Gebot: Die Prozedur sollte schnell vonstattengehen!
Zweites Gebot: Sie sollte zunächst geheim bleiben. Letzteres er-
sparte ihm im Falle eines Scheiterns seiner Kandidatur Ärger mit
den sächsischen Untertanen. Sein Vetter Christian August von
Sachsen-Zeitz, seit 1696 Bischof des Donaustädtchens Raab, war
beim Konfessionswechsel behilflich.

In der Privatwohnung des Cousins empfing Friedrich August am 2. Juni 1697 die Absolution und das Heilige Abendmahl
nach römischem Brauch. Beide Männer waren sich einig, den
Glaubensübertritt gegebenenfalls als nicht geschehen zu be-
trachten.

Währenddessen versammelten sich in Polen auf dem großen Wahlfeld zwischen Warschau und Wola schon die ersten
Adligen und bereiteten sich auf die Wahl des neuen Königs vor.
Minister Flemming und der loyale Przebendowski waren noch
immer bei der Arbeit und versuchten mit Geld und guten Worten, die anwesenden Herren von ihrem Kandidaten Friedrich August zu überzeugen. Der soeben konvertierte Sachse sorgte dafür,
dass der päpstliche Internuntius zu Wien die geheime Urkunde

des Übertritts unterzeichnete, um sie dann mittels eines Kuriers eilig nach Warschau zu schicken.

Johann Michael von Loen, Schriftsteller und Chronist, vermerkte später: «August, sagt man, hat die Religion verändert! Ich würde es zugeben, wenn ich gewiß wüßte, daß er zuvor eine gehabt hätte. Es ist bekannt, daß er von Jugend auf ein kleiner Freigeist war, der nicht mehr glaubte, als viele unserer Fürstenkinder insgemein zu glauben pflegen: nämlich, daß ein Gott im Himmel sei, sie aber als Fürsten auf Erden tun könnten, was sie wollten. August hatte demnach, als er zu der römischen Kirche überging, eigentlich noch keine Religion; man kann also nicht von ihm sagen, daß er die seine verändert hätte; er nahm nur eine an.»[30]

Am 26. Juni 1697 traten westlich von Warschau auf dem Feld von Wola die polnischen Abgesandten zusammen und gaben ihr Votum für den neuen König ab. Das Ergebnis war nicht eindeutig. Jakub Sobieski erhielt zwar nur eine verschwindend geringe Stimmenanzahl, doch blieben Prinz Conti und der Kurfürst von Sachsen. Beide Fraktionen nahmen den Sieg für sich in Anspruch. Die Nacht brach ein, es wurde kühl, und die Delegierten waren sich noch nicht einig. Sie baten um Bedenkzeit. Jakob Heinrich von Flemming nutzte die Situation und ließ Fässer voller Branntwein an die zahlreichen Lagerfeuer schaffen. Dann ging er selbst von Gruppe zu Gruppe und versprach jedem, der Friedrich August am kommenden Tag seine Stimme gab, einen Taler.

Das Getümmel und Durcheinander des zweiten Wahltages beendete der Kardinalprimas mit einem Machtwort. Er rief den Franzosen zum König aus und begab sich in die Kathedrale nach Warschau, um mit dessen Anhängern einen Dankgottesdienst abzuhalten. Kaum eine Stunde später zelebrierte Stanislaus Dabski, der Bischof von Kujawien, eine Messe für den Sachsen und erklärte diesen zum Sieger der Wahl.

Jetzt schuf Friedrich August Fakten. In der nahen Lausitz hatte er 8000 einsatzbereite Männer zusammengezogen und mit Marschgepäck und Proviant versehen. Er war bereit, sich notfalls mit Gewalt durchzusetzen. Während Prinz Conti noch in Frankreich weilte, marschierte der Kurfürst mit militärischer

Begleitung und gefüllten Geldbeuteln nach Polen. Dort traf er am 6. Juli ein und verteilte großzügige Belohnungen an seine Anhänger. Eine nicht unerhebliche Summe erhielten wohl auch die beiden Kronwächter, die sich taub, blind und stumm stellten, als Friedrich Augusts Beauftragte in die Schatzkammer drangen und Krone und Zepter raubten. Ein schweres Vergehen, denn die Herausgabe der bedeutsamen Kleinodien bedurfte der schriftlichen Genehmigung des polnischen Reichstags.

Noch vor seiner Krönung veröffentlichte Friedrich August ein Mandat, in dem er erklärte, dass er durch *sonderbare Göttliche Schickung zum König von Polen erwählt worden*[31]. Er versicherte seinen Untertanen in Sachsen, dass er seinem Kurland dennoch weiterhin ein treusorgender Landesvater bleiben und zu ihrem Wohl einen Statthalter einsetzen werde. Anton Egon Fürst von Fürstenberg war es, der diese Aufgabe übernahm. Den katholischen Reichsfürsten aus Schwaben hatte Friedrich August in Wien kennengelernt, jetzt berief er ihn auf ausdrückliche Empfehlung seines früheren Erziehers Haxthausen und seines Cousins Christian August von Sachsen-Zeitz. Bis auf Widerruf übertrug der Regent Fürstenberg alle Entscheidungen in Staatsangelegenheiten. Vor allem aber sollte er die Missbräuche im Steuerwesen, in Miliz und Verwaltung beseitigen, der Korruption den Kampf ansagen, das Verwaltungswesen verbessern und zentralisieren – kurzum als verlängerter Arm des Kurfürsten dessen absolutistische Ideen in Sachsen umsetzen. Der zweiundvierzigjährige Fürstenberg stand damit über dem Adel, wurde zum kurfürstlichen Stellvertreter und ersten Mann in Sachsen.

Anton Egon von Fürstenberg
1656 geboren, galt Anton Egon von Fürstenberg in Dresden als besonders integer. Er entstammte der Heiligenberger Linie des schwäbischen Geschlechts Fürstenberg. Als Reichsfürst stand er im Rang über dem sächsischen Adel, mit dem ihn keinerlei private Beziehungen verbanden. Damit war er schwer korrumpierbar und fühlte sich nur seinem Souverän verpflichtet. Der Katholik war sowohl dem Papst als auch dem Kaiser genehm, eine Tatsache, die Friedrich August bei der Vergabe des machtvollen Amtes berücksichtigte. Die Befehle des Statthalters mussten während Friedrich Augusts Abwesenheit wie die des Kurfürsten befolgt werden.

Rechtlich hätte die Einsetzung eines Statthalters der Zustimmung von Adel und Ständen bedurft, doch Friedrich August
ignorierte dies und düpierte die betroffenen Herren. Das und die
Tatsache, dass am 27. Juli sein Übertritt zum katholischen Glauben öffentlich wurde, führten in Sachsen zu einer Zusammen-
kunft der Stände ohne ihren Herrscher. Am Ende der heftigen
Debatten stand die Entscheidung, eine sächsische Delegation
nach Polen zu schicken. Sie überreichte ein Geldgeschenk, gratu-
lierte zur Krone und präsentierte eine ganze Reihe von Forderungen. Als Antwort verfasste Friedrich August ein Dekret, in dem
er versicherte, dass Ritterschaft, Städte und alle Untertanen in
der Heimat bei der evangelischen Religion bleiben dürften. Die
Augsburgische Konfession behielte ihre Gültigkeit, ebenso *Lehre
und Gewissens-Freiheit, ohne allen Eintrag, Hinderniß und Beschwerden*[32].

Augustus Rex

Als Datum für die Krönung wurde der 15. September 1697 festgesetzt. Schockiert nahm der polnische Adel zur Kenntnis, dass der neue Monarch das Schloss zu Warschau nicht mit seiner Gemahlin, sondern in Begleitung der Gräfin Esterle bezog. Die wähnte sich als Mätresse eines Königs am Ziel ihrer Träume, doch ihre Tage waren bereits gezählt.

Es störte Friedrich August weniger, dass die Wienerin sich unverhohlen auf seine Kosten bereicherte, als vielmehr, dass sie ihn betrog, wie sie zuvor ihren Mann hintergangen hatte. Angeblich versuchte sie sogar Jakob Heinrich von Flemming, den engsten Vertrauten des kurfürstlichen Königs, zu umgarnen. Ob der loyale Minister ihr erlag, ist nicht überliefert. Als jedoch ruchbar wurde, dass sie ihr Bett mit dem polnischen Fürsten Michal Serwacy Wisniowiecki teilte, jagte Friedrich August sie davon. Binnen vierundzwanzig Stunden, so die königliche Order, hatte sie Warschau zu verlassen. Die Esterle raffte zusammen, was in so

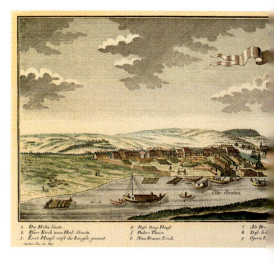

Dresden. Kolorierter Kupferstich (Jeremias Wolff Erben, Augsburg), um 1730

kurzer Zeit in ihren Reisekisten zu verstauen war, und reiste ab. Wütend schickte ihr der kurfürstliche König einen Offizier hinterher, der ihr die geschenkten Juwelen wieder abnehmen sollte. Die untreue Mätresse überreichte dem Mann ein ledernes versiegeltes Kästchen. Als Friedrich August später das Siegel erbrach, kamen statt kostbarer Schmuckstücke nur ein paar Bänder und wertlose Spangen zum Vorschein. Die Edelsteine hatte die schlaue Esterle offenbar anderweitig beiseitegeschafft. August der Starke, dessen hochfahrender Zorn meist ebenso schnell verrauchte, wie er entflammte, soll über den Betrug herzhaft gelacht und von weiterer Verfolgung abgesehen haben.

Friedrich August I., Kurfürst von Sachsen, trug auf eigenen Wunsch als König von Polen den Namen August II. und durfte sich fortan Augustus secundus rex Poloniae nennen. Nach seiner Krönung unterzeichnete er alle Dokumente mit Augustus Rex.

Als er 1694 den Kurhut von seinem Bruder übernahm, hatte Dresden 20 000 Einwohner, drei Jahre später waren es 45 000. Aus der provinziellen Residenz war eine Stadt geworden, die den Vergleich mit Prag oder Wien nicht scheuen musste. Was er in Sachsen erreicht hatte, wollte er auch für Polen. Noch sah er die

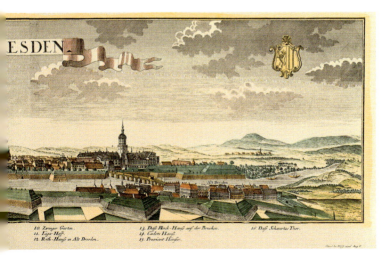

Probleme nicht, die die Personalunion als Kurfürst eines urevangelischen und König eines erzkatholischen Landes bedeutete.

Obwohl seine Mutter den Glaubenswechsel ihres Sohnes heftig kritisierte, erfüllte es sie mit Stolz, ihn als König zu sehen. Gleich zwei hochrangige Gesandte mussten in ihrem Auftrag nach Polen reisen und Friedrich August ihre Glückwünsche überbringen. Gattin Christiane Eberhardine blieb den Krönungsfeierlichkeiten fern. Der Glaubenswechsel ihres Mannes hatte sie derart aufgebracht, dass sie seinem Wunsch, ihn zu begleiten, nicht nachkam.

Dem festlichen Anlass entsprechend hatte sich Friedrich August ein ganz besonderes Gewand ausgesucht. Die königliche Brust bedeckte ein goldener Harnisch mit einem Gewicht von etwa zwanzig Kilogramm, unter seinem prächtigen pelzbesetzten Umhang trug er einen Samtschurz mit silbernem Brokat und goldenen Fransen, silberne, mit Edelsteinen besetzte Stiefel und einen mächtigen Degen.

Die Krönungszeremonie zog sich über Stunden. Litaneien, Gebete und Segnungen waren beinahe vollständig gesprochen, als der zukünftige König kurz vor den entscheidenden Worten unter dem Gewicht seines festlichen Ornats ohnmächtig zusammenbrach. Fünfzehn Minuten brauchten die Kammerherren, um ihn wieder zu Bewusstsein und auf die Beine zu bringen. Dann leistete er den Eid und verließ die Wawelkathedrale als König von Polen.

Prinz Conti gab sich geschlagen, Friedrich August hatte gewonnen. Jetzt galt es, sich in der neuen Position zu profilieren. Der kurfürstliche König beschloss, ein großes Fest für seine Untertanen zu geben. Zwölf ganze Ochsen, zehn Damhirsche, zwei Dutzend Kälber und noch mehr Hammel wurden gebraten. 240 Kapaune, 700 Hühner, 100 Fasane, 120 Enten, 60 Hasen und Tausende von Lerchen drehten sich auf den Bratspießen. Und auch bei den Getränken geizte er nicht: 400 Flaschen Champagner und 6000 bis 7000 Liter Wein flossen in die Kehlen der Festgesellschaft.

Die gezahlten Bestechungsgelder waren den polnischen Adligen nicht genug. Einen Tag nach der Wahl legten sie die Pacta

Krönungsornat Augusts des Starken, 1697

conventa vor, eine Liste mit siebenunddreißig Forderungen, mittels deren sie sich eine ganze Reihe von Rechten, Privilegien und Posten sichern wollten. Der neue König stimmte in allen Punkten zu. Ausgestattet mit einer Vollmacht, unterzeichnete Jakob Heinrich von Flemming als Stellvertreter seines Herrn. Seine Unterstützung beim Erwerb der Krone belohnte Friedrich August, indem er ihn zum Generalmajor beförderte.

Die Polen waren mit ihrem neuen König zufrieden. Er war zu ihrem Glauben übergetreten, er hatte viel Geld gezahlt, um gewählt zu werden, und er hatte mit der Pacta conventa Zugeständnisse gemacht, über die der Adel mehr als glücklich war. Dennoch entstanden in der Wahlmonarchie immer wieder neue Konföderationen, die mit ihren unterschiedlichen Interessen zu hochexplosiven Konflikten führten.

Seit Jahren befand sich das Land mit dem türkischen Sultan im Krieg, und August II. beschloss, den erfolglosen Schlachten ein Ende zu setzen. Mit Flemmings Hilfe stellte er im Sommer 1698 ein Heer aus Polen, Litauern und Sachsen zusammen. Das Unternehmen endete mit einer Blamage. Innerhalb des heterogenen, intern vollkommen zerstrittenen Heeres gingen Polen und Sachsen wiederholt aufeinander los, statt den Feind zu bekämpfen. Der König brach den Feldzug ab und bemühte sich, seine beiden Herrschaftsgebiete zu einen, bevor er zu weiteren externen Schlägen ausholte.

Als Wahlkönig von Polen stützte er sich jetzt vor allem auf Sachsen. Die polnischen Beamten, die Kronarmee und die Staatskasse unterstanden in Polen dem Reichstag, genannt Sejm, dessen Politik von den einflussreichen Magnatenfamilien und der Schlachta, dem Kleinadel, bestimmt wurde.

Tagsüber widmete sich August II. den Staatsgeschäften, abends suchte er Ablenkung auf Festen und bei fürstlichen Soupers. Dort ging es oft hoch her, und wie in Sachsen beeindruckte der Regent auch in Polen seine Umgebung durch Energie und mit Durchhaltevermögen. Ganz gleich wie heftig er gezecht hatte, er stand am nächsten Tag früh auf, um die Amtsgeschäfte zu erledigen, sich mit seinen Ministern zu beraten und Audienzen zu gewähren. Eine Angewohnheit, die er bis zu seinem Lebensende beibehielt.

Eines Abends traf er die bildschöne Türkin Fatima. Einst war sie die Gesellschafterin der Maria Aurora von Königsmarck und Zeugin von deren Liebschaft mit dem jungen Kurfürsten gewesen. Trotz ihrer Jugend hatte sie bereits ein bewegtes Leben hinter sich. Bezüglich ihrer Herkunft kursierten verschiedene Legenden. Die wahrscheinlichste Version ist, dass der britische Offizier Philipp Erskine sie in einem Kampf gegen die Türken regelrecht erbeutete. Erskine behielt das verwaiste Kind einige Zeit in seiner Obhut und schenkte es später dem Grafen Philipp von Königsmarck. Hofmeister von Haxthausen schrieb in seinen Memoiren: «Der Graf von Königsmarck hat sie in Buda[pest] bekommen. Das kleine Ding war in Goldbrokat gewickelt, woran einige seltsame vielleicht türkische Steine hingen. Nachdem er

Fatima von Spiegel.
Kupferstich von Johann
Lindner, nach 1860

sie eine Weile mit sich geführt, hat er sie seiner Schwester gegeben, die das Mädchen dann auch erzogen hatte. Nach dem Verlust ihres Bruders hat sie Fatima, die zu einer reizvollen Jungfrau herangewachsen war, als Gesellschafterin, die über der Kammerfrau steht, mit nach Sachsen genommen.»[33]

Fatima wurde die Geliebte des Königs und bemerkte eines Tages die unübersehbaren Zeichen einer Schwangerschaft. Wieder einmal bewies August II., dass ihn dergleichen nicht aus dem Konzept bringen konnte. Er verheiratete die werdende Mutter mit seinem treuen Kammerherrn Johann Georg von Spiegel. Spiegel unterschrieb, dass er dieses und weitere Kinder seines Herrn als die eigenen anerkennen und erziehen werde – und wurde dafür reichlich entlohnt. Als Fatima am 19. Juni 1702 einen gesunden Sohn auf die Welt brachte, nannte sie ihn dankbar Friedrich August.

Während August II. das Leben am polnischen Hof genoss, kamen aus Sachsen schlechte Nachrichten. Es galt ein ernsthaf-

47

tes Problem zu lösen. Viele Untertanen waren entsetzt, als sie erfuhren, dass ihr Kurfürst zum katholischen Glauben übergetreten war. Allen voran protestierte die sonst so fügsame Christiane Eberhardine gegen diesen Schritt. Sie weigerte sich standhaft, ihrem Mann in die polnische Residenz zu folgen. Für die fromme Protestantin kam der Glaubenswechsel des kurfürstlichen Königs einem schweren Verrat gleich, völlig ausgeschlossen, dass sie in einem katholischen Land leben sollte. Besorgt versuchten ihre Eltern auf die starrsinnige Tochter einzuwirken. Doch auch die Drohung, der königliche Gatte könnte sie wegen ihres Ungehorsams verstoßen, fruchtete nicht. Christiane Eberhardine blieb in Sachsen. Ihr Oberhofmeister, Johann Balthasar von Bose, schrieb an seinen Bruder: «Es ist ein Jammer, das Volk auf den Straßen jammern und weinen zu sehen. […] Die Kurfürstin ist untröstlich wegen des Unheils womit diese neue Würde uns bedroht. Der gute Gott wolle uns davor schützen!»[34]

Die Polen riefen nach ihrer Königin. Friedrich August entsandte Statthalter Fürstenberg, damit er seiner widerspenstigen Gemahlin gut zuredete, ihm nach Warschau zu folgen. Doch die blieb stur. Der kurfürstliche König schrieb Briefe, grollte eine Weile und nahm sich schließlich eine Mätresse aus dem polnischen Hochadel, die an seiner Seite die repräsentativen Pflichten erfüllte.

Ursula Catherina Lubomirska, geborene von Boccum, war zehn Jahre jünger als der König. Verheiratet mit dem Großmarschall der Krone, Fürst Georg Dominic von Lubomirski, gehörte die ehrgeizige Fürstin zu denen, um deren Gunst die Granden der Stadt und Adlige aus dem Ausland buhlten. Friedrich August warb mit schwülstigen Briefen, die sein Kammerdiener und Freund Friedrich von Vitzthum überbrachte.

Vitzthum erfüllte seine Pflicht als Postillon d'Amour gewissenhaft. Als die Zeit reif war, arrangierte er ein heimliches Treffen. Die ehrgeizige Lubomirska witterte die Chance ihres Lebens und griff mit beiden Händen zu. Als ihr gehörnter Ehemann gegen die Affäre protestierte, veranlasste sie ihren königlichen Liebhaber, beim Papst die Auflösung ihrer Ehe durchzusetzen. Friedrich August erfüllte den Wunsch und ließ sie durch kaiser-

Ursula Catherina
Gräfin Lubomirska,
Reichsfürstin
Teschen.
Pastell von Rosalba
Carriera, um 1730

lichen Erlass sogar zur Reichsfürstin Teschen erheben. Fortan spielte sie die Rolle der Schlossherrin so hervorragend, dass niemand mehr an Christiane Eberhardine dachte.

Dafür bereitete etwas anderes Sorgen. Die Überprüfung der sächsischen Staatsgelder hatte Unglaubliches ans Tageslicht gebracht. Lug und Betrug waren an der Tagesordnung, und August der Starke war entschlossener denn je, weiteren Missbrauch zu verhindern. Er musste die Macht der Stände brechen, ihrem Mitspracherecht ein Ende setzen. Der kurfürstliche König betraute Statthalter Fürst Anton Egon von Fürstenberg mit einer heiklen Aufgabe.

Gegen den Protest der Stände sollte eine Generalrevision, eine noch detailliertere Überprüfung des Finanzwesens, durchgeführt werden. Beauftragt von Friedrich August, gründete Fürstenberg ein Generalrevisionskollegium und hieß die Männer an die Arbeit gehen. In einem Patent dazu hieß es im Juli 1698: «Es soll kein anderes Kollegium dem Revisions-Kollegio zuwiderhandeln oder dasselbe an etwas hindern, jedermann auf Verlangen vor ihm erscheinen.»[35] Die nach absolutistischem Vorbild organisierte Institution hatte derart weitreichende Befugnisse, dass sie sich auch über die Privilegien der Stände hinwegsetzen konnte.

Unbeeindruckt von den Protesten der Betroffenen, förderten die Revisoren einen Skandal nach dem anderen zutage, überführten Kammermeister und Ratsherren des Betruges und ließen sie inhaftieren. Oberhofmeister von Haugwitz wurde als einer der Ersten bereits Anfang Juli festgenommen, Hofmeister Johann Ernst von Knoch und der Geheime Rat von Bose senior folgten ihm auf dem Fuße. Als der korrupte Oberküchenmeister Philipp Ferdinand von Reibold die Häscher kommen sah, ließ er alles stehen und liegen und floh aus dem Schloss.

Das sächsische Volk war begeistert. Endlich einmal ein Kurfürst, der den hohen Herren das ausbeuterische Handwerk legte. Adel und Stände waren empört, und die Aktion drohte außer Kontrolle zu geraten, als sie ankündigten, dem Regenten keine Gelder mehr zu bewilligen.

August II. verfolgte in Polen ehrgeizige und damit kostspielige Ziele. Sein finanzieller Bedarf war so hoch, dass er es sich nicht leisten konnte, auf sächsische Steuergelder als Einnahmequelle zu verzichten. Die Stände drohten, keine weiteren Mittel zur Verfügung zu stellen, und forderten die Einberufung eines Landtages. Bis Oktober 1698 baten sie ihren Kurfürsten drei Mal darum, doch der hüllte sich in Schweigen. Anfang 1699 kam Fürstenberg nach Polen und erklärte dem König die Dringlichkeit der Sache.

Am 22. August 1699 traf Friedrich August in Dresden ein. Er hatte seinerseits einen ganzen Katalog von Forderungen und Wünschen an die Stände vorbereitet: Beibehaltung der Religionsverfassung, Revidierung der Polizeiordnung, Begründung einer Depositenbank in Leipzig zur Beschaffung nötiger Gelder, Einführung der Generalkonsumtionsakzise zunächst in den Städten, Tilgung der Kammerschulden, Instandsetzung der Festungen, der Elbufer, Dämme und Straßen. Außerdem wollte

Friedrich August I.
um 1700. Büste
von Guillaume
Coustou

er die Einführung gleicher Maße und Gewichte, einen Sicherheitsdienst auf den Straßen, die Einrichtung von Zucht-Waisen und Spinnhäusern, die Errichtung einer *Akademie von Sprachen, Wissenschaften und Exerzitiis zur Formierung der adligen und anderen Jugend*[36].

Die Stände versprachen, Punkt für Punkt gewissenhaft zu prüfen, bestanden jedoch darauf, dass der Kurfürst die Revision nicht weiterführen ließ. Angewiesen auf die Genehmigung der benötigten finanziellen Mittel, gab er schließlich klein bei. Am 17. März 1700 hob er die Generalrevision auf, ließ die beschlagnahmten Akten zurückgeben und erhielt dafür eine Million Taler. Mit dem Geld kauften sich die Stände von den lästigen Revisoren frei, die gedroht hatten, den liebgewordenen Gewohnheiten der Korruption ein Ende zu setzen.

Der Nordische Krieg

Zwei Jahre zuvor, am 10. August 1698, hatte der polnische König einen mächtigen Mann kennengelernt. Zar Peter I. von Russland war für drei Tage nach Rawa gekommen und von August II. herzlich empfangen worden. Die beiden Männer verstanden sich auf Anhieb prächtig und verbrachten viele Stunden «ohne unterlaß in Trinkhen»[37], wie das Protokoll vermerkte. Abseits davon trafen sie eine Absprache, die von großer Bedeutung für die nächsten Jahre werden sollte. Der Plan des Zaren schien so einfach wie effektvoll. Mit polnischer Unterstützung wollte er zu Felde ziehen, um den verhassten Schweden endlich abzunehmen, was die im Lauf des Jahrhunderts kriegerisch an sich gerissen hatten. Auf diese Weise würde Russland endlich wieder einen Zugang zur Ostsee erhalten, und Polen könnte das schmählich verlorene Livland zurückerobern.

Friedrich August sah die Gelegenheit, auf die er gewartet hatte, um sich bei seinem neuen Volk als siegreicher Herrscher zu etablieren. Zum Zeichen der Verbundenheit tauschten die Monarchen feierlich ihre Degen. Die reich mit Edelsteinen verzierte Waffe des Russen erhielt einen Ehrenplatz im Grünen Gewölbe. Dann besiegelten die beiden Regenten ihren Pakt mit Handschlag und einem guten Tropfen und beschlossen, dem jungen schwedischen König ein für alle Mal das Handwerk zu legen.

Karl XII. saß seit 1697 auf dem schwedischen Thron und war in den Augen seiner Gegner noch ein halbes Kind. Seine Mutter

Zar Peter I.
1672 in Moskau geboren, war Peter I. der erste Zar, der Russland in Friedenszeiten verließ, als er sich 1697 auf eine Reise durch Europa begab. In England, Deutschland, Österreich und Holland informierte er sich über Schiffsbau und Navigation, besichtigte öffentliche Einrichtungen wie Krankenhäuser und Manufakturen. Ein Jahr später kehrte Peter der Große mit etwa einhundert angeworbenen Arbeitern zurück – und etablierte den europäischen Fortschritt in seiner Heimat. 1703 gründete er die Stadt Petersburg, wo er 1725 starb.

Peter I., Zar von Russland. Zeitgenössisches Gemälde von Pierre Gobert

war eine Schwester der sächsischen Kurfürstin Anna Sophie, doch weder verwandtschaftliche Bande noch gute Ratschläge seiner Minister konnten dem stürmischen Drang des heftig pubertierenden Königs Einhalt gebieten. Pistolenschießen übte er am liebsten in den Prunksälen seines Schlosses, draußen vergnügte er sich bei Ausritten durch die Straßen, indem er seinen Untertanen die Fensterscheiben einschlug, um nach der Rückkehr Hasen durch den Thronsaal zu hetzen.

August II. und Peter I. waren sich einig: Dem Jungen mangelte es an Verstand, es würde ein Leichtes sein, mit ihm fertigzuwerden. Sicherheitshalber suchten der kurfürstliche König und der russische Zar Verstärkung in Dänemark und fanden hier einen willigen Verbündeten gegen Schweden. Der dänische König war begeistert von der Idee, auf diese Weise die Herrschaft über die Ostsee wiederzuerlangen. Weniger angetan zeigte sich Friedrich I. von Preußen. August der Starke bat auch ihn um Unterstützung, doch hier fragte er vergeblich. Der Preuße vermerkte schriftlich: «Wie der König von Pohlen seinen Krieg ausführen wirdt, da lasse ich ihn für sorgen und bin zufrieden, das ich nichts damit zu thun habe; da will ich stille sitzen und zusehen.» [38]

In den ersten Januartagen des Jahres 1699 machte Minister Flemming seinen Monarchen mit einem livländischen Edelmann bekannt, der sich in Zukunft als treibende Kraft im Kampf gegen die Schweden erweisen sollte. Johann Reinhold von Patkul, ehemals Sprecher der Ritterschaft Livlands, reiste seit Jahren durch Europa, um eine Allianz zu schmieden, die Livland von den Schweden befreien sollte.

Sein Vater war kurz vor seiner Geburt von einem schwedischen Gericht des Hochverrats angeklagt und inhaftiert worden. Früh verstorben, hinterließ er seinem Sohn neben materiellen Gütern vor allem das Erbe, der livländischen Opposition zu ihrem Recht gegen die schwedischen Usurpatoren zu verhelfen. Dieser Aufgabe verschrieb sich Patkul mit Leib und Seele. 1694 verurteilte man ihn zum Verlust all seiner Güter und der rechten Hand. Patkul floh und wurde seither steckbrieflich gesucht. Auf der jahrelangen Flucht lernte er Jakob Heinrich von Flemming kennen, der ihn 1699 dem König vorstellte.

Patkul war ein versierter Redner, kannte sich in der großen Politik gut aus und bestärkte den kurfürstlichen König mit allen ihm zu Gebote stehenden Mitteln, militärisch gegen die Schweden vorzugehen. Vor allem aber versicherte er Friedrich August der Loyalität seines Landes und lockte mit dem Versprechen, einmal vom schwedischen Joch befreit, würden sich die Livländer gern der polnischen Oberhoheit unterordnen. Siegesgewiss sah sich August II. als strahlender Imperator in Warschau einziehen.

Am 12. Februar 1700 fiel die sächsische Armee ohne Kriegsankündigung in Livland ein. Der Überraschungsangriff bedeutete einen Bruch des Völkerrechts und löste in Warschau erhebliche Proteste aus. Ohne den Reichstag zu fragen, hatte der polnische König sein Land in einen Krieg verwickelt, den die Untertanen nicht wollten. Zornig erklärten die Repräsentanten des Adels, dass allein Sachsen diesen Konflikt auszutragen habe und Polen sich in keiner Weise daran zu beteiligen gedenke. Friedrich

August bemühte sich um die nachträgliche Zustimmung des Sejm, scheiterte jedoch. Jetzt befand er sich in einer unangenehmen Lage, die bald darauf dadurch erschwert wurde, dass sich Patkuls vollmundige Versprechen als falsch erwiesen. Die Livländer waren keineswegs begeistert von ihrem selbsternannten Befreier. Dennoch hielt sich Dänemark an die mit Sachsen und Russland getroffenen Vereinbarungen und erklärte am 12. März den Schweden den Krieg.

Karl XII. reagierte schnell und effektiv. Drei Monate später waren seine Soldaten kampf- und einsatzbereit und marschierten gegen Kopenhagen. Die Dänen gerieten unter derartigen Druck, dass nur eine Möglichkeit blieb, die schwedischen Angreifer aus dem Land zu halten. Am 18. August 1700 unterzeichneten sie den Friedensvertrag von Travendal und verpflichteten sich kleinlaut, von weiteren kriegerischen Auseinandersetzungen Abstand zu nehmen. Damit schieden sie aus dem sächsisch-russischen Bündnis aus.

Am 19. August erklärte Zar Peter I. den Schweden den Krieg und musste im Verlauf der folgenden Monate bitter erfahren, dass Karl XII. zwar ein sehr junger König, dennoch ein höchst ernstzunehmender Gegner war. Seine Armee, obgleich ungeschult in kunstfertigen Manövern, entwickelte eine solch zähe Beharrlichkeit im Gefecht, dass der russische Zar sich am Abend des 20. November nach heftigen Kämpfen in der Nähe des baltischen Narwa geschlagen geben musste. In einem Krieg, den die Polen nicht wollten, stand Sachsen jetzt allein gegen den Feind.

Karl XII., König von Schweden. Zeitgenössisches Schabkunstblatt

Friedrich August sah mit Entsetzen, dass seine in Livland eingefallenen Soldaten das nächste Ziel der Schweden sein würden, und versuchte, einen Frieden mit dem Gegner auszuhandeln. Die Großmächte Frankreich, England, Holland und Österreich mischten sich in die Verhandlungen ein und bemühten sich, das unrechtmäßig entfachte Feuer diplomatisch zu löschen. Doch Karl XII. blieb hart. Er zog gegen Polen und verkündete, Frieden würde es erst geben, wenn er die Sachsen für ihren Frevel bestraft hätte.

Die Polen protestierten vehement, beteuerten ihre Unschuld, aber der Schwede kümmerte sich nicht darum. Als Reaktion schlossen Zar Peter I. und Friedrich August ein noch engeres Bündnis. Parallel zog der kurfürstliche König alle Register, um doch noch eine gütliche Lösung zu finden. Er schickte sogar seine ehemalige Geliebte Aurora von Königsmarck ins feindliche Lager. Karl XII. weigerte sich, seine Landsmännin zu empfangen, und interessierte sich auch nicht für die Verhandlungsvollmachten, mit denen Friedrich August die schöne Schwedin ausgestattet hatte. Stattdessen teilte er den Polen mit, dass ihre einzige Chance, glimpflich davonzukommen, darin bestand, Friedrich August abzuwählen. Das ging den stolzen Polen zu weit, sie lehnten ab.

Am 14. Mai 1702 zogen die Schweden in Warschau ein. Der polnische König hatte die Residenz verlassen und befand sich in Krakau. Dort formierte er eine Armee, die in der zweiten Junihälfte 18 000 Soldaten umfasste. Karl XII. verfügte über ein Heer von 13 000 Männern und marschierte Richtung Süden. Am 9. Juli kam es zur großen Schlacht bei Klissow. Das Gemetzel dauerte Stunden. Friedrich August und seine Soldaten schlugen sich tapfer, dennoch ließen Tausende ihr Leben, und viele – unter ihnen Jakob Heinrich von Flemming – wurden schwer verletzt. Es war das Verdienst des strategisch versierten Generals Johann Matthias von der Schulenburg, dass der Kampf nicht mit der Vernichtung der sächsisch-polnischen Armee endete. Dennoch hatten die Schweden mit reicher Kriegsbeute und 1100 Gefangenen einen wichtigen Sieg errungen. Sie gönnten sich eine Verschnaufpause, bevor sie am 31. Juli in Krakau einrückten.

Johann Matthias von der Schulenburg
1705 erhielt der gebürtige Preuße Johann Matthias von der Schulenburg den Oberbefehl über die sächsische Infanterie, gleichzeitig wurde Flemming Kommandant der Kavallerie. Die beiden Günstlinge Augusts des Starken gerieten in einen derart heftigen Streit über ihre Kompetenzen, dass der vierundvierzigjährige Schulenburg seinen sechs Jahre jüngeren Kontrahenten zum Duell mit dem Degen forderte. Nach einer vom Kurfürsten erzwungenen Versöhnung nahm Schulenburg später seinen Abschied, als Flemming zum Generalfeldmarschall befördert und ihm damit endgültig vorgesetzt wurde.

Karl XII. sah sich als Eroberer und verlangte von den Polen hohe Kontributionen. Wer nicht zahlte oder sich weigerte, die schwedischen Soldaten zu verköstigen, wurde mit Rad oder Galgen bestraft. Immer wieder kam es zu heftigen Kämpfen, aus denen die Schweden meist siegreich hervorgingen. Karl XII. forderte mit Nachdruck die Absetzung Augusts des Starken und präsentierte einen ihm genehmen Nachfolger für den polnischen Thron.

Am 14. Februar 1704 war er am Ziel. Der Kardinalprimas Michael Radziejowski, ein Onkel der Reichsfürstin Teschen, verkündete die Entthronung Augusts II. Wenig später wurde Stanislaus Leszczynski, ein junger, kultivierter Adliger, auf schwedisches Betreiben gegen den Willen des Papstes zum König gewählt.

Aus Rom kam ein drohendes Breve: «Wir gebieten nach vorhergegangener eifriger Betrachtung und gehaltener Beratung aus apostolischer Macht Euch und allen Euren Zugehörigen, Kraft dieses Briefes, daß zu der Krönung des unbefugter Maßen erwählten Königs auf welche Art und Weise sie auch vorgenommen werde, bei Strafe der Suspension von dem bischöflichen Amte und Untersagung der Kirche keiner von Euch im geringsten Antheil zu nehmen sich unterfange.» [39]

Das war eine Anweisung, der man sich nicht ohne weiteres widersetzen konnte. Der zuvor so eifrige Kardinalprimas zog sich nach Danzig zurück und wartete, bis sich der Erzbischof von Lemberg bereit erklärte, die Krönung vorzunehmen. In aller Eile musste für Leszczynski eine Krone nachgefertigt werden, denn August II., der nicht bereit war, den teuer erkauften polnischen Thron so einfach zu verlassen, führte das Original in seinem Reisegepäck mit sich.

König ohne Thron

Tag und Nacht arbeitete der entmachtete König fieberhaft an der Rückeroberung seiner Stellung in Polen. Von Russland massiv unterstützt, gelang es ihm, den Schweden eine Stadt nach der anderen wieder abzunehmen. Nach vielen anderen brachte er im Spätsommer 1704 auch Warschau wieder unter seine Kontrolle. Karl XII. war verärgert. Sein sächsischer Vetter erwies sich als äußerst hartnäckig. Immer wieder gelang es ihm, Regimenter und Kasse mit heimischen Reserven zu stärken, um dann erneut zuzuschlagen.

Inzwischen wuchs in Sachsen der Widerstand gegen den Krieg. Die Bevölkerung verfluchte die ins Unermessliche steigenden Steuern genauso wie das rücksichtslose Vorgehen der Soldatenwerber. Das war die Stimmung, auf die die Vertreter der Stände gewartet hatten. Doch statt sich offen gegen Friedrich August aufzulehnen, wählten sie einen subtileren Weg. Kurfürstliche Anordnungen wurden beharrlich nur mit erheblicher Verzögerung bearbeitet oder einfach ignoriert. August der Starke durchschaute das üble Spiel und schuf Abhilfe.

Wenn die bestehenden Steuern für seine Untertanen so unerträglich hoch waren, musste ein anderer Weg gefunden werden, die Kriegskasse zu füllen. Das Mittel der Wahl hieß noch einmal Generalkonsumtionsakzise, eine indirekte Verbrauchssteuer, die alle am Warenumsatz Beteiligten zu entrichten hatten. Die Erhebung dieser Steuer brachte ihm größere Unabhängigkeit von den Ständen, denen noch immer die Bewilligung der direkten Steuern oblag.

Geschickt erklärte der Regent, auch er werde diese Abgabe entrichten, um hinzuzufügen, dass der bis dahin von Steuern ausgenommene Adel selbstverständlich ebenfalls zu zahlen habe. Die Durchführung der heiklen Angelegenheit übertrug er Adolf Magnus Gotthelf von Hoym, einem qualifizierten Finanzsachverständigen.

Adolf Magnus Gotthelf von Hoym. Kupferstich von Martin Bernigeroth, 1713

Hoym erwies sich trotz stürmischer Proteste des Adels seiner Aufgabe gewachsen. Der Staatssäckel füllte sich allmählich, doch schon manifestierten sich neue Probleme. Die Soldaten wurden knapp. Zwar gab es in Sachsen noch immer eine Landmiliz, aber deren Mitglieder waren gesetzlich nur zum Dienst in der Heimat verpflichtet und wehrten sich mit Händen und Füßen, für den Nordischen Krieg rekrutiert zu werden. Dem Kurfürsten blieb keine andere Wahl, immer wieder musste er Zar Peter I. um Hilfe bitten.

Das Bündnis der beiden dauerte offiziell an, doch jeder wusste vom anderen, dass er nicht mit offenen Karten spielte. Mal versuchte Friedrich August heimlich mit Karl XII. zu verhandeln, mal taktierte der Russe hinter dem Rücken des Sachsen und suchte das Gespräch mit dem Gegner. Der Schwede blieb unnachgiebig und die beiden Monarchen bis auf weiteres aufeinander angewiesen. Das Verhältnis war angespannt und wurde nicht zuletzt dadurch getrübt, dass sich Johann Reinhold von Patkul inzwischen in russischen Diensten befand. Der Zar stattete den Livländer mit umfassenden Befugnissen aus und überließ ihm die Entscheidung über die Verteilung der Gelder, mit denen er Friedrich August unterstützte. Patkul genoss die neue Position und behandelte den Kurfürsten zu dessen Ärger unverfroren von oben herab.

Die Situation war alles andere als erfreulich. Friedrich August hatte im wahrsten Sinne des Wortes an allen Fronten zu kämpfen. In der sächsischen Heimat wuchsen die Proteste gegen den Krieg, in Polen hatte man ihm die Krone aberkannt, der russische Partner war nicht so verlässlich, wie er es sich wünschte. Nur privat ging es ihm besser denn je.

Am 21. August 1704 hatte Ursula Catherina Lubomirska einen gesunden Sohn auf die Welt gebracht und den Knaben auf den traditionsreichen wettinischen Namen Johann Georg taufen lassen. Ein gemeinsames Kind, so hoffte sie, würde ihre Position an der Seite Augusts des Starken festigen.

Kaum vier Monate später machte dieser eine Bekanntschaft, die alle Zukunftspläne seiner stolzen Geliebten zerstörten. 1705 war die Beziehung vorüber, und Fürstin Teschen erhielt als Abschiedsgeschenk ein Palais in der Pirnaischen Gasse. Sie heiratete 1722 Graf Friedrich von Württemberg und blieb dem sächsischen Hof verbunden.

Am 7. Dezember 1704 wütete ein verheerender Brand in Dresdens Kreuzgasse und zerstörte das Haus des Leiters der Generalkonsumtionsakzise, Adolf Magnus von Hoym. Der Hausherr selbst war nicht zugegen, und so oblag es seiner jungen Frau, die Löscharbeiten zu organisieren. Inmitten eines unbeschreiblichen Durcheinanders erteilte Anna Constantia von Hoym mit fester Stimme Befehle, um den Schaden zu begrenzen. Durch den Turmbläser alarmiert, eilte auch Friedrich August an den Unglücksort – und war über die Maßen beeindruckt von der Gattin seines Ministers.

Sie zu gewinnen gestaltete sich nicht ganz so einfach, wie der Regent es gewöhnt war, doch einige Wochen später konnte der Kurfürst sich mit einer der schönsten und geistreichsten Frauen des Landes an seiner Seite brüsten.

Der Preis, den er für seine neue Eroberung zahlte, war hoch und sollte weitreichende Folgen haben. Anna Constantia von Hoym wollte sich unter keinen Umständen in die lange Reihe der Geliebten einreihen. Sie wollte eine Ausnahmestellung, und

Anna Constantia Gräfin von Cosel. Anonymes zeitgenössisches Gemälde

dazu reichte ihre Erhebung zur Reichsgräfin Cosel nicht aus. In zähen Verhandlungen rang sie Friedrich August einen ungewöhnlichen Kontrakt ab. Der Monarch unterschrieb eine Art Ehevertrag, in dem er gewichtige Versprechen gab und sogar zusagte, Anna Constantia zu heiraten, wenn seine Frau, Christiane Eberhardine, stürbe: *Wir Friedrich August von Gottes Gnaden König von Pohlen ec. Urkunden hiermit. Demnach vor Unserm chursächsischen Oberconsistorio zu Dresden Frau Constantia Gräfin von Cosel geb. von Brockdorff von ihrem vormaligen Ehemann, Unsern wirklichen Geheimbten Rath und lieben getreuen Herrn Adolf Magnus Freyherrn von Hoym vermöge Reichs und Land üblicher Gesetze und Rechte der Ehe halber gänzlich geschieden worden, Wir aus genugsam erheblichen und sonderbaren Ursachen Uns dieselbe nach Art der Könige in Frankreich und Dänemark, auch anderen Souverainen in Europa als Unsere legitime épouse beylegen lassen, derogstalt, daß Wir in Kraft eines ehelichen Eydes versprechen und halten wollen, dieselbe herzlich zu lieben und beständig treu zu verbleiben, dahero wollen Wir solches hiermit vor Unserm Geheimen Rath declarieren und die mit*

*Unserer geliebten Gräfin von Cosel künftig erzeugenden Kinder männ-
und weiblichen Geschlechts vor Unsere rechte natürliche Kinder kraft
dieses erkennen, leben auch der gewissen Hoffnung, daß auf den Fall,
der in Gottes des Allmächtigen Handen stehet und Uns nach seinem
allerheiligsten Rath und Willen begegnen kann, da Wir dieses Zeitliche
mit dem Ewigen verwechselten Unseres Churprinzns Ldn. Und übri-
ge Nachfolge in der Chur, diese Unsere geliebte Gräfin von Cosel und
die von Uns mit derselben erzeugten Kinder hiervor erkennen, selbige
bey dem gräflichen Stande und demjenigen, was sie von Uns oder sonst
an Lehn und Erbe, beweg- und unbeweglichem Gut erhalten, geruhig
lassen, die Succession unsern natürlichen Kindern in solchen gestatten,
auch selbige auf begebene Fälle bey Unsern Lehnhof, der widrigen Obe-
servanz ungeachtet, damit belehnen, in mehrer Betrachtung, daß dieses alles im Röm. Reich nicht ungewöhnlich, auch bey des Gottseligen
Churfürsten zu Sachsen Friedrich des Dritten und nach dessen Tode
also beachtet worden. Zu dessen Urkunde haben wir diese mit gutem
Bedacht aufgesetzte Declaration und Verordnung Unserm Geheimen
Raths Collegio versiegelt überreicht, auch selbige Unserer geliebten
Gräfin Cosel zugestellt und ist Unser Wille und Meinung, daß hierbei
in künftigen Zeiten festgehalten werde. Gegeben [...].* [40]

Anna Constantia von Cosel hatte bereits fast ein Jahr mit
Friedrich August verbracht, als sie das Dokument am 12. Dezember 1705 erhielt. August der Starke bestand darauf, dass es geheim
blieb. Er war zwar bereit, seine Geliebte in dieser unüblichen Weise abzusichern, doch wollte er auf keinen Fall einen politischen
und persönlichen Eklat provozieren. Gräfin Cosel ließ den Vertrag
in ihrem Familienarchiv verstecken und lernte später, dass er das
Papier, auf dem er geschrieben stand, nicht wert war.

Christiane Eberhardine blieb nichts übrig, als sich weiterhin
mit den Eskapaden ihres Mannes abzufinden. Immerhin zahlte
er für ihren Hofstaat und zeigte sich auch sonst im Allgemeinen
großzügig den Wünschen seiner Frau gegenüber. Dafür bewies
sie in Sachsen bei entsprechenden Anlässen ihre Loyalität und
erschien in der Residenz. Fünfzig bis sechzig repräsentative Auf-
tritte hatte sie jährlich zu absolvieren, und die neue Mätresse des
Kurfürsten machte es ihr besonders schwer. Ehrgeizig und strah-
lend etablierte sie sich an seiner Seite.

Am 10. Juli 1705 schrieb Christiane Eberhardine an ihren Vater: «Ewer Gnaden wenten Dero vetterl. Gnad und hertz nicht von mir, die ich ohne dem die unglückseeligste auf erden bin, welche mit so vielen leuden umgeben, dass ich wohl tegl. Und stüntl. Nach meiner erlößung seufze und ein seeliges ende mir ales guht machen könnte.»[41]

Zeitgenossen galt Anna Constantia von Cosel als außergewöhnliche Schönheit: «Sie hatte ein längliches Gesicht, eine zierliche Nase, einen kleinen Mund, prachtvolle Zähne und große schwarze, feurige Augen. Alle ihre Gesichtszüge waren weich, ihr Lächeln bezaubernd und zu Herzen gehend. Sie hatte schwarzes Haar, einen wunderbaren Busen; Hände, Arme und Hals waren formvollendet, der Teint blendend weiß. Ihre Erscheinung war majestätisch, auch tanzte sie vollendet.»[42]

Bezüglich ihres Wesens war derselbe Zeuge nicht so begeistert. Seine Schilderung erfolgte allerdings erst, als Anna Constantia schon geraume Zeit die Mätresse des Regenten war und sich am sächsischen Hof bereits einige Widersacher zusammengefunden hatten, um sie zu stürzen. «Ihr Charakter war nicht ganz so vollkommen. Sie war mehr lebhaft und unterhaltsam als tief, dazu wenig aufrichtig und launenhaft. Höflich war sie nur gegen die, die ihr huldigten, und gänzlich unnahbar zeigte sie sich gegenüber jenen, die es an Verehrung ihrer Person fehlen ließen. Sie war eigennützig, aber auch freigebig, dankbar, wenn man ihr Gutes tat, aber unversöhnlich, wenn sie Grund hatte, jemanden zu hassen. Wie voreingenommen man auch gegen sie sein mochte, wenn sie gefallen wollte, war sie unwiderstehlich. Sie hatte Manieren, die bezauberten, aber auch solche, die abstießen. Für Geld und Ehre tat sie alles. [...] Ihre größte Kunst bestand darin, nie erkennen zu lassen, daß es ihr nur auf den eigenen Ruhm ankam. [...] Unter dem Vorwand, daß sie Feste und Theater liebe, konnte sie sich darin nicht genug tun; in Wahrheit aber kam es ihr nur darauf an, den König zu unterhalten.»[43]

Nach einer Totgeburt am 29. Januar 1707 gebar die Cosel drei gesunde Kinder. Fast neun Jahre hielt sie sich an der Seite des Herrschers, dann brachten höfische Intrigen sie zu Fall.

Altranstädt

Die nicht enden wollenden Auseinandersetzungen mit den Schweden setzten Friedrich August zu. Das Land befand sich in einer tiefen Krise. Gleichermaßen schlecht stand es um die sächsischen Finanzen und die Stimmung in der Bevölkerung. Friedrich August selbst war gesundheitlich angeschlagen, litt immer wieder unter Schwächeanfällen und Magenbeschwerden. Den ganzen März und April 1705 klagte er über Leibschmerzen, Schwindel und Unwohlbefinden. Die Ärzte ließen ihn erfolglos zur Ader und verordneten eine mehrwöchige Kur in Karlsbad. Seine Majestät sollte die königliche Lebensweise mäßigen, rieten die Mediziner, empfahlen weniger fettes Essen und vor allem weniger Alkohol. Der Wurzel des Übels kamen sie jedoch nicht auf die Spur. Nichtig wurden die nützlichen Ratschläge der Herren Doktores vor allem durch die Renitenz ihres Patienten. Kaum fühlte der sich nämlich besser, kehrte er zu seinen alten Gewohnheiten zurück, zelebrierte mehrstündige Mahlzeiten und trank, was die Keller hergaben.

Das erste Jahrzehnt seiner Regierungszeit lag hinter ihm. Der Sachse zog Bilanz und verfasste eine Art politisches Testament. Die Handschrift mit dem Titel *Régel pour la postérité*[44] enthielt Empfehlungen an den Kurprinzen, seinen Nachfolger, der zu diesem Zeitpunkt kaum zehn Jahre alt war. An erster Stelle nannte er die Prinzipien, nach denen künftig die Geheimen Räte, also die höchsten Staatsbeamten, ausgewählt werden sollten, denn von ihnen hinge die Regierung ab. Deshalb dürften sich diese nicht in Abhängigkeit von den Regierungen der Nachbarstaaten befinden. Im Geheimen Ratskollegium wünschte Friedrich August möglichst zwei entgegengesetzte Parteien, damit der Herrscher besser auswählen und entscheiden könne. Den Gesandten an fremden Höfen wollte er fähige, diplomatisch versierte Begleiter an die Seite stellen, um sie gegebenenfalls als deren Nachfolger einsetzen zu können.

Schriftlich rechnete der Kurfürst mit dem Adel ab: Noch immer gingen ihm die Befugnisse der Stände zu weit. Adlige sollten als Staatsdiener eingesetzt, notfalls zum Heeresdienst gezwungen werden. Im Falle der Weigerung waren ihnen Ämter zu verweigern. Militärische Erziehungsanstalten sollten geschaffen werden, die sowohl Adels- als auch Bürgersöhne ausbildeten. Hier empfahl er, Adlige den Bürgern nur dann vorzuziehen, wenn ihr Fleiß dies rechtfertige. Die Ämter der Behörden sollten sich Adlige und Bürgerliche je zur Hälfte teilen, doch sollten sie in den Kollegien separat sitzen, damit eine Kommunikation untereinander verhindert würde. Wollte sich der König zum wirklichen Landesherrn machen, dann müsste der Adel von seinen Rittergütern getrennt werden und dafür Assignaten in Form von Staatszuweisungen erhalten. Güter dürfte man ihnen nicht zu eigenen, sondern nur zur Nutzung übergeben. Auch der Klerus kam nicht ungeschoren davon. Der Geistlichkeit dürfe nicht zu viel Macht gegeben und ihr die übermäßige Anhäufung von Geld und Gütern nicht gestattet werden. Doch in religiösen Angelegenheiten sollte sie frei entscheiden können.

Seine eigene Stellung umriss der Kurfürst in diesem politischen Testament folgendermaßen: Den Untertanen gegenüber müsse er auf der Hut sein, ebenso vor Schmeichlern und Lügnern. Sie seien im Falle des Ungehorsams hart zu bestrafen. Inhaber von einflussreichen Ämtern müssten durch Spione überwacht werden, Vertraute für den Herrscher überall zur Verfügung stehen.

In diescr Zeit kamen gute Nachrichten aus Rom. Papst Clemens XI. sagte zu, Friedrich August bei der Rückeroberung der polnischen Krone zu unterstützen. Diesmal verlangte er allerdings eine Gegenleistung: Der Kurfürst musste versprechen, seinen Sohn zum katholischen Glauben übertreten zu lassen. Der Sachse zögerte. Ein solcher Schritt bedeutete nicht nur heftige Auseinandersetzungen mit Gattin und der Mutter, auch die sächsischen Untertanen würden protestieren. Noch herrschte Krieg, und August der Starke wollte sein Volk nicht unnötig verärgern.

Karl XII. hatte seinen Rachefeldzug bislang nicht beendet. Bevor er zum großen Schlag gegen die Russen ausholte, wollte

Kurprinz Friedrich August, der einzige legitime Sohn Augusts des Starken. Marmorbüste von François Coudray, 1715

er seinem Cousin Friedrich August jedoch endgültig zeigen, dass dieser keine Nachsicht zu erwarten hatte. Im Frühling 1706 fügte er den sächsisch-russischen Verbündeten in der Schlacht von Fraustadt eine bittere Niederlage zu, überquerte am 21. August mit seiner Armee bei Rawitsch die schlesische Grenze und rückte kurz darauf in das Kurfürstentum ein. Mit strengen Anweisungen verpflichtete der schwedische König seine Soldaten, sich den Sachsen gegenüber angemessen zu verhalten. Er verbot Plünderungen und ließ der Bevölkerung mitteilen, jeder, der sich an die schwedischen Anweisungen hielte, hätte nichts zu befürchten, stünde unter seinem Schutz. Angesichts der straffen Disziplin, mit der die schwedischen Regimenter geführt wurden, verloren viele Sachsen allmählich ihre Angst und arrangierten sich mit den Besatzern. Besonders die Frauen fanden Gefallen an den schmucken Schweden, und bald feixte man landauf, landab, dass es wohl im kommenden Jahr eine neue Generation sächsischer Schweden oder schwedischer Sachsen geben werde.

Friedrich August fehlte der Humor für dergleichen Scherze. Er befand sich in Polen und sah mit großer Besorgnis, dass der Feind sich in der Heimat häuslich niederließ. Die schwedischen Soldaten brauchten Lebensmittel, und ihr König forderte sie ein: 30 000 Militärs und ein Tross von weiteren 15 000 Begleitpersonen mussten verpflegt werden. Die Vorstellung, Karl XII. könnte das Heer den Winter über auf Kosten seines Landes durchfüttern, erfüllte August den Starken mit Schrecken, und so schickte er seinen Geheimen Referendar Georg Pfingsten mit einem Angebot ins Lager des Feindes: Er selbst wollte offiziell als König von Polen abdanken und sein Bündnis mit dem russischen Zaren beenden, wenn die Schweden sein Kurfürstentum verließen. Sollte sich Karl XII. jedoch nicht auf den Handel einlassen, war Friedrich August bereit, all seine Rechte bis zum letzten Mann einzufordern und zu verteidigen.

Mit einem Umweg über Dresden, wo er den Geheimen Rat über die kurfürstlichen Pläne informierte, reiste Pfingsten in Begleitung des Geheimen Rates Anton Albrecht von Imhoff nach Bischofswerda. Hier befand sich das schwedische Hauptquartier. Premierminister Karl Graf Piper empfing die beiden Unterhändler, lauschte ihren Worten und lachte sie aus. Der sächsische Kurfürst, so belehrte er sie, sei keineswegs in der Lage, Forderungen zu stellen, und nur, wenn er für immer auf die polnische Krone verzichtete, wäre Schweden überhaupt zu Verhandlungen bereit.

Dies war der Moment, in dem Pfingsten und Imhoff unverrichteter Dinge hätten umkehren müssen, doch stattdessen verhandelten sie ohne ausreichende Vollmachten weiter. Karl XII. und seine Armee marschierten Richtung Westen. Pfingsten und Imhoff folgten bis nach Altranstädt. Dort unterzeichneten sie am 24. September 1706 einen Friedensvertrag, der alle Bedingungen der Schweden erfüllte: Winterquartiere für schwedische Soldaten, die Auslieferung der echten polnischen Krone, die Auslieferung Patkuls, der Zar Peter I. noch immer als Diplomat diente und deswegen bestenfalls gegen einen hohen russischen Gefangenen hätte ausgetauscht, nicht aber in dieser Form eingefordert werden können. Sachsen blieb besetzt, und nur ein kleines Zugeständnis wurde gemacht: Friedrich August durfte das Land zwar nicht mehr regieren, aber bis auf weiteres den polnischen Königstitel führen.

Während Pfingsten und Imhoff seinen politischen Ausverkauf besiegelten, befand sich der Kurfürst gemeinsam mit Anna Constantia von Cosel in Polen. Eifersüchtig wachte sie über seine Schritte – und konnte seine Seitensprünge doch nicht verhindern. In den vergangenen Jahren hatte August der Starke seine Beziehung zu Fatima von Spiegel nie wirklich beendet. 1706 brachte die schöne Türkin eine gesunde Tochter zur Welt, und es bestand kein Zweifel an der Vaterschaft des Kurfürsten. Das Mädchen wurde auf den Namen Maria Aurora getauft und wuchs mit Mutter und Stiefvater in Südpolen auf, wo Johann Georg von Spiegel als Oberintendant der Königlichen Domänen in Polen lebte.

Maria Aurora Rutowska

Wie ihr Bruder führte Maria Aurora ab 1722 den Namen Rutowski und wurde am 19. September 1724 zur Gräfin erhoben. 1728 vermählte ihr Vater sie mit dem polnischen Grafen Michael von Bielinski. Die Ehe war unglücklich und wurde 1735 geschieden. Ein Jahr später heiratete die Gräfin den savoyischen Edelmann Claude Maria Bellegarde. Mit ihm hatte sie zwei Kinder, Sohn Moritz und Tochter Friederike Auguste. Früh verwitwet, verband sie eine enge Beziehung mit ihrem Halbbruder Moritz von Sachsen, der ihren nach ihm benannten Sohn zu seinem Universalerben machte. Sie starb mit vierzig Jahren am 22. Mai 1746.

Die Geburt des Kindes hatte heftige Auseinandersetzungen mit Anna Constantia von Cosel zur Folge. Friedrich August gelobte Besserung – und brach das Versprechen, kaum dass er es gegeben hatte. Kurz darauf lernte er Henriette Duval kennen, die Tochter eines Weinhändlers in der Warschauer Altstadt. Über Henriette findet sich in den Quellen nur wenig und Uneinheitliches. So differieren die Angaben ihres Namens zwischen Duval, Drian und Renard. Sicher ist nur, dass sie später einen Mann namens Francose heiratete.

Um dem Argwohn der eifersüchtigen Cosel keinen Vorschub zu leisten, erfand der kurfürstliche König einen ominösen Grafen Tobianski, der ihm geheime Informationen zuspielen sollte. Die sorgfältig und äußerst diskret arrangierten Treffen blieben nicht ohne Folgen. Wenig später erwartete Graf Tobianski alias

Henriette Duval ein Kind, doch davon erfuhr Friedrich August erst später. Das Mädchen wurde am 23. November 1707 geboren, auf den Namen Anna Cathérina getauft und von Mutter und Stiefvater Francose fernab höfischer Etikette erzogen.

August der Starke hatte den Vertrag von Altranstädt noch nicht bestätigt, er bereitete sich auf eine große Schlacht gegen die Schweden vor. Am 29. Oktober 1706 kam es bei Kalisch zum Kampf. Die Auseinandersetzung endete mit einem triumphalen Sieg für das sächsisch-russische Bündnis. Der Kurfürst hoffte, unter dieser Voraussetzung einige Artikel des schmachvollen Vertrages von Altranstädt ändern zu können, bevor er ihn unterschrieb und damit öffentlich billigte.

Henriette Duval. Kupferstich

Am 17. Dezember 1706 trafen sich Karl XII. und Friedrich August I. zu einem Gespräch. Der schwedische König weigerte sich, seinem Vetter auch nur ein Jota entgegenzukommen, und bestand auf der Erfüllung des Vertrages in jedem Punkt. «Was Augustus! In Polen ist König Stanislaus, und Kurfürst von Sachsen bin ich dermalen!»[45], fuhr er einem Vermittler über den Mund.

Wenig später blieb Friedrich August nichts anderes übrig, als seine Unterschrift unter das demütigende Dokument zu setzen. Der europäische Adel war entsetzt, und Liselotte von der Pfalz sprach vielen aus der Seele, als sie ihrer Halbschwester schrieb: «Ich habe in meinem sin mein leben von nichts abscheülichers gehört, alß den Frieden, so könig Augustus gemacht. Er muß voll und doll geweßen sein, wie er die articlen eingegangen ist; vor so ehrgvergeßen hette ich ihn mein leben nicht gehalten. Ich schäme mich vor unßer nation, daß ein teütscher König so unehrlich ist.» [46]

Dresden war von den Schweden nicht besetzt worden, und August der Starke zog sich in die Residenz zurück. Im Verborgenen arbeitete er an seinen Plänen, die polnische Krone wiederzuerlangen und die schwedischen Besetzer aus Sachsen zu weisen.

Er entwarf ein innenpolitisches Konzept, um noch einmal den Einfluss der Stände zu reduzieren. Anton Egon von Fürstenberg war der Erste, der die Veränderung zu spüren bekam. Seit einiger Zeit war Friedrich August die Nähe seines Statthalters zu den Vertretern der Stände ein Dorn im Auge, jetzt entließ er ihn. Bereits im Juni 1706 hatte der Monarch ein Geheimes Kabinett ins Leben gerufen, eine Behörde, die nur aus Männern seines Vertrauens bestand. Durch beständige Erweiterung der Befugnisse entstand eine Zentralbehörde, die das Ziel verfolgte, die absolutistischen Ansprüche des Regenten durchzusetzen. Den Vorsitz hatte Oberhofmarschall August Ferdinand Graf von Pflugk, die auswärtigen Angelegenheiten unterstanden Jakob Heinrich von Flemming, Finanzen und Inneres verwaltete Adolf Magnus von Hoym, der sich mit dieser Position für den Verlust seiner schönen Frau reichlich entschädigt fand. Später erweiterte August der Starke das Gremium um Woldemar von Löwendahl, einen Günstling der Gräfin Cosel, den wortgewaltigen Ernst Christoph von Manteuffel und seinen langjährigen Weggefährten August Christoph Graf von Wackerbarth.

Gemeinsam unterstanden sie direkt dem Kurfürsten und hatten vor allem seine Befehle auszuführen und umzusetzen. Damit war

August Christoph von Wackerbarth
Der gebürtige Lauenburger August Christoph von Wackerbarth war am Heidelberger Hof aufgewachsen und kam 1685 als Page nach Dresden. Später studierte er in Rom Architektur. 1695 rief ihn Friedrich August zurück und machte ihn zu seinem Generaladjutanten. Er avancierte zum Kabinettsminister, zum Chef des Oberbauamts, wurde 1718 Gouverneur von Dresden und schließlich Generalfeldmarschall und Oberkommandierender der sächsischen Armee. Bei Hof hieß es, Wackerbarths erstes Interesse gelte nicht dem Land, sondern seinem eigenen finanziellen Profit.

die bis dato mächtige Funktion des Geheimen Rates erheblich eingeschränkt, seine Mitglieder auf die hinteren Bänke verwiesen. Jakob Heinrich von Flemming erkannte die Chance, die das neugeschaffene Instrument ihm bot. Binnen kurzem baute er seine Position so aus, dass es den anderen Mitgliedern des Geheimen Kabinetts unmöglich wurde, ohne seine Genehmigung bei Friedrich August vorstellig zu werden. Jede Akte, jeder Vorgang musste ihm präsentiert werden; er allein entschied, was dem Regenten vorgelegt wurde.

Die Schweden befanden sich noch immer im Land und erholten sich auf Kosten ihrer unfreiwilligen Gastgeber, die unter der Last stöhnten: «Friede ernähret, Unfriede zehret.» [47] Von den erheblichen Kontributionen abgesehen, erhielten die Eindringlinge täglich pro Mann Brot, Fleisch, Butter oder Speck und kannenweise Bier. Der Kurfürst hasste sie dafür. Noch mehr hasste er allerdings die Herren Pfingsten und Imhoff, die ihm diese Schmach mit ihrer Unterschrift eingebrockt hatten.

Im Mai 1707 ließ er die beiden heimlich verhaften. Solange Karl XII. im Land weilte, konnte er keinen Prozess gegen sie anstrengen – sie aber in Gewahrsam zu halten, um in aller Stille ein Verfahren vorzubereiten, das war möglich. Die beiden wurden auf den Königstein gebracht, eine Festung, die als uneinnehmbar galt und sich deswegen hervorragend als Staatsgefängnis eignete.

Über drei Jahre sollte es dauern, bis eine Kommission aus Leipziger und Wittenberger Juristen ihnen ein Staatsverbrechen nachwies und das Urteil am 20. Dezember 1710 endlich gefällt werden konnte. Die Richter verfügten, dass Imhoff «wegen seines begangenen und gestandenen Verbrechens, mit Strafe ewigen Gefängnisses und Einziehung seiner Lehngüter zu belegen sei, auch seien Ihro Königl. Majestät wohl befugt, desselben übriges Vermögen zu confisciren, daß Pfingsten hingegen mit dem Schwerdt vom Leben zum Tode gebracht werden solle» [48]. Die zweite Instanz des Hochverratsprozesses milderte schließlich mit kurfürstlicher Erlaubnis die Urteile in zehn Jahre Haft für Imhoff und lebenslange Festung für Pfingsten. Später gelang es diesem, sich mit 40 000 Talern freizukaufen.

1707

Weniger glimpflich kam Johann Reinhold von Patkul davon. Schweden bestand auf seiner Auslieferung, und Friedrich August I. hatte der Forderung auf Dauer nichts entgegenzusetzen. Damit besiegelte er das Schicksal des Livländers. Patkul wurde auf bestialische Weise im Oktober 1707 hingerichtet. Am 1. September 1707 ratifizierte August der Starke eine Generalakziseordnung, mit der er sich endgültig über das Recht der Stände hinwegsetzte, in Steuerfragen weiterhin entscheidend mitzubestimmen.

Wenige Tage später erhielt er unerwarteten Besuch in der Residenz. Karl XII. bestätigte persönlich, was Boten schon berichtet hatten. Die Besetzer zogen ab. Doch bevor sie das geschundene Sachsen endgültig verließen, hatte der schwedische König, einer plötzlichen Laune folgend, beschlossen, von seinem besiegten Vetter Abschied zu nehmen. Ohne sich anzukündigen, ritt er in Begleitung von lediglich vier Offizieren nach Dresden und

passierte inkognito die Torwache. Der stets bestens informierte Flemming bekam Wind von der Sache und eilte zu Friedrich August, der nach einer heftig durchzechten Nacht im Schlafrock seinen Kater bekämpfte. Flemming nutzte die verbleibenden Minuten, um dem Kurfürsten einen teuflischen Plan zu unterbreiten. Jetzt, so machte er ihm klar, sei die Gelegenheit, das Blatt ein für alle Mal zu wenden. Den schwedischen König und seine lächerliche Begleitung gefangen zu nehmen wäre ein Leichtes, und hätte man den großen Gegner erst einmal festgesetzt, ließe sich sicher einigen Profit daraus schlagen. Friedrich August war nicht in der Verfassung, in der gebotenen Eile eine Entscheidung zu fällen. Kostbare Minuten verstrichen, und schon stand Karl XII. vor ihm. Die Cousins umarmten sich, sprachen ein paar unverbindliche Worte, und Karl XII. kehrte unbeschadet in sein Quartier nach Altranstädt zurück.

Aufzug zu einem Damenringrennen vor dem Residenzschloss zu Dresden. Deckfarbenblatt von C. H. Fritzsche, 1710

Mit einer Armee, so erholt, so stark und reich wie nie zuvor, verließ der schwedische König das besetzte Land seines Vetters, um sich in Russland vollkommene Genugtuung zu verschaffen und endlich den vernichtenden Schlag gegen Zar Peter I. zu führen.

Sachsen litt erheblich unter den Folgen der schwedischen Besetzung. Die Bauern hatten die Kontributionen für die Schweden mitgetragen und dabei sogar für Ödland Zinsen zahlen müssen, landauf, landab war man froh, dass sich der mächtige Feind endlich jenseits der Grenzen befand.

Friedrich August ließ rechnen – und erhielt eine schreckliche Bilanz. Etwa 23 Millionen Taler Kontributionen hatte sein Land an die Schweden entrichten müssen. Eine Summe, von der sich Sachsen lange nicht erholen würde. Der Volksmund wusste: «Die Schweden haben so viel Gold und Silber aus Sachsen genommen, wie sie Eisen hereingebracht haben.» [49]

Trotz der erbärmlichen finanziellen Lage verfolgte der sächsische Kurfürst seine Pläne unbeirrt weiter. Um alles in der Welt wollte er die polnische Krone wieder tragen. Das Geld dafür würde er schon beschaffen.

Sachsen war ein Land mit Potenzial, und dieses galt es zu nutzen. Seit langem war August der Starke davon überzeugt, dass das Geheimnis dauerhaften ökonomischen Erfolgs im Export lag, und so investierte er viel Geld in eine Erfindung, von der er sich hohen Profit versprach. Aus diesem Grund befand sich seit einigen Jahren ein junger Mann namens Johann Friedrich Böttger in sächsischem Gewahrsam.

Friedrich August war ein bedingungsloser Anhänger der alchimistischen Wissenschaft und fest davon überzeugt, dass sich Gold in einem Labor herstellen ließ. Streng bewacht sollte Aurifex Böttger das Edelmetall schaffen. Als jeglicher Versuch misslang, drohte der König, ihn hängen zu lassen. Böttger floh, wurde wieder eingefangen und noch strenger bewacht. Fürstenberg – zu dieser Zeit noch Statthalter – mochte den jungen Mann und machte ihn 1704 mit seinem Freund Ehrenfried Walther von Tschirnhaus bekannt. Tschirnhaus war ein überragender Naturwissenschaftler von internationalem Rang. In Fürstenbergs Haus

Johann Friedrich Böttger. Zeitgenössisches Bildnismedaillon in Böttgersteinzeug von François Coudray

hatte er ein Labor, in dem er seit Jahren Versuche machte, um feines weißes Porzellan herzustellen. Eine Ware, die bis dahin nur aus China zu beziehen war und für enorme Summen in Europa gehandelt wurde. Böttger und Tschirnhaus wurden sich schnell einig und begannen gemeinsam zu arbeiten. Während Tschirnhaus ein freier Mann war, blieb Böttger jedoch unter strenger Aufsicht.

Im Oktober 1708 starb Tschirnhaus und erlebte nicht mehr, dass Böttger im März des folgenden Jahres seinem Kurfürsten endlich berichten konnte, weißes Porzellan gebrannt zu haben. August der Starke verzieh ihm, dass er kein Gold herstellen konnte, entließ ihn jedoch nicht in die Freiheit. Porzellan war eine begehrte und kostbare Ware. Das Rezept dafür schien dem Kurfürsten beinahe genauso wertvoll wie Gold und musste

Johann Friedrich Böttger
1682 in Schleiz geboren, war der Apothekerlehrling Johann Friedrich Böttger seit fünf Jahren in Berlin tätig, als der preußische König 1701 hörte, der junge Mann könne Gold herstellen. Um das wertvolle Geheimnis für sich nutzen zu können, wollte er Böttger verhaften lassen. Der floh nach Wittenberg. Dort ließ ihn Friedrich August in Gewahrsam nehmen. Bis 1705 bemühte sich Böttger vergeblich, Gold zu produzieren, dann nahm ihn Ehrenfried Walther von Tschirnhaus unter seine Fittiche. Gemeinsam fanden sie die Mischung aus Kaolin, Feldspat und Quarz, um weißes Porzellan zu brennen.

sorgfältig gehütet werden. Damit Böttger die geheime Mischung nicht verraten konnte, blieb er bei fürstlicher Behandlung ein gefangener Mann. Verzweifelt über diesen Zustand, betrank sich der Meister beinahe jeden Tag bis zur Besinnungslosigkeit.

Im Januar 1710 wurde in Dresden die erste Porzellanmanufaktur gegründet. Um das wertvolle Geheimnis besser schützen zu können, verlegte man sie im Juni auf die Albrechtsburg in Meißen. Böttger, noch immer unter Bewachung, wurde Direktor und kontrollierte die Qualität der Erzeugnisse. Als Erkennungszeichen der Produkte wählte man die beiden blauen gekreuzten Schwerter aus dem Wappen der kursächsischen Wettiner. Geschirr, Vasen und Ziergefäße entwickelten sich zum Exportschlager, und 1714 entließ Friedrich August Böttger aus der Haft. Wenige Jahre später starb er an den Folgen seines übermäßigen Alkoholkonsums.

August der Starke entwickelte ein regelrechtes Faible für erlesenes Porzellan – und begann mit Akribie zu sammeln. Darauf angesprochen, bekannte er freimütig, zu jenen zu gehören, *die niemals finden, dass sie genug davon haben, und immer mehr davon haben wollen*[50]. Bisweilen trieb seine Leidenschaft erstaunliche Blüten. Wenn er ein ersehntes Stück oder gar eine ganze Sammlung nicht für Geld kaufen konnte, suchte er nach anderen Mitteln und Wegen, die begehrten Teile an sich zu bringen. 1717 befanden sich einige hohe chinesische Vasen im Besitz Friedrich Wilhelms I. Der Sachse hatte ein Auge auf die Raritäten geworfen, doch gegen bare Münze war Preußens König nicht bereit, sich von ihnen zu trennen. Stattdessen wünschte er 600 Dragoner für sein Regiment – und erhielt sie. 600 Männer aus der sächsischen Armee wurden gezwungen, ihre Uniformen gegen preußische Montur zu tauschen, und Friedrich August nahm beglückt die «Dragoner-Vasen» in Empfang.

Zurück in Polen

Der entthronte König hatte seine polnischen Ambitionen noch immer nicht aufgegeben. Im Januar 1708 verpflichteten sich Flemming, Wackerbarth, Hoym und einige andere Getreue, ihn bei seinem Bestreben, die polnische Krone wiederzugewinnen, zu unterstützen. Sie bestanden allerdings auf einer Rückversicherung: Sollte der Plan misslingen und sich Leute finden, die sie aus Neid, Rache oder anderen Gründen deswegen beschuldigen würden, müsste der König sie in Schutz nehmen. Friedrich August garantierte: *Wan die saches nicht reussiren sohltes, so wierd man es ihnen nicht messen, in dehm man ihren Fleis und guthen willen keinen Zweifel dreget und haben sich aller gnaden und protection zu versehen. Augustus Rex.*[51]

Am 24. Februar 1708 brachte Gräfin Anna Constantia von Cosel eine Tochter zur Welt. Die kleine Augusta Constantia erfreute sich bester Gesundheit, doch das Leben der Mutter hing an einem seidenen Faden. Friedrich August wachte Tag und Nacht am Bett seiner Geliebten und war erst beruhigt, als die Ärzte ihm bestätigten, dass die Krise überstanden war.

Kurz darauf unternahm der Kurfürst eine Reise nach Holland, Flandern und Brabant. Um sich frei bewegen zu können, wählte er – wie einst anlässlich seiner Kavalierstour – ein Pseudonym. Als Graf von Torgau getarnt besuchte er in Brüssel das Theater. Was er auf der Bühne sah, entzückte ihn über alle Maßen. Angélique Duparc war eine gefeierte Ballerina, und Friedrich August hegte den Wunsch, die unübersehbaren Vorzüge der Tänzerin näher zu überprüfen. Als sie nach der Vorstellung in ihre Garderobe kam, fand sie eine Einladung zum Nachtessen vor. Die Duparc nahm an und amüsierte sich prächtig in Gesellschaft des Grafen von Torgau, der ihr zu fortgeschrittener Stunde ein Engagement in Dresden versprach. Bevor er am nächsten Morgen abreiste, unterstrich er die Bedeutung seiner Zusage mit einem wertvollen Präsent.

Angélique Duparc. Kupferstich

Monate später wurde Angélique Duparc tatsächlich an das Dresdner Hoftheater verpflichtet. Bald pfiffen es die Spatzen von den Dächern, die Cosel war zwar erneut schwanger, aber der Kurfürst hatte eine neue Favoritin. Anna Constantia von Cosel zog alle Register und schlug ihre Rivalin binnen kurzem aus dem Feld.

Sachsen erholte sich allmählich von den Folgen der schwedischen Okkupation, immer mehr Geld floss in die Kassen des Kurfürstentums. August der Starke benutzte es unter anderem, um seine Regimenter neu zu formieren. 1709 blickte er voll Stolz auf eine Armee von etwa 15 000 Soldaten. Jetzt musste er nur noch Verbündete für den Kampf um die polnische Krone finden. Preußen verwehrte einen Pakt, der Kaiser in Wien wollte sich ebenfalls nicht in den Konflikt einmischen, und so blieb nach langen Verhandlungen nur ein Partner übrig: Frederik IV. von Dänemark. Friedrich Augusts Cousin mütterlicherseits hatte die Schmach von Travendal nicht vergessen und signalisierte Bereitschaft, sich noch einmal gegen die Schweden zu stellen.

Im Juni 1709 stattete er Dresden einen mehrwöchigen Besuch ab. Der Kurfürst war in seinem Element. Endlich konnte er erneut große Politik und prächtige Feierlichkeiten miteinander verbinden. Am Dresdner Hof gab es einen Directeur des Plaisirs, der nur für Organisation und Ablauf großer Anlässe zuständig war. Johann Siegmund von Mordax erfüllte seine Aufgabe mit Pflichtgefühl und Ehrgeiz und galt als anerkannter Meister seines Fachs. Dennoch ließ es sich Friedrich August nicht nehmen, seine persönlichen Wünsche und Ideen durchzusetzen. Die Entwürfe für Ausstattung und Kostüme stammten ebenso aus seiner Feder, wie er sich um Einladungslisten und Tischordnungen kümmerte. Zeitpunkt, Ort und Ablauf bis hin zur Folge der Speisen und dem zu benutzenden Service jeder einzelnen Festlichkeit waren genau bestimmt. Kostüme und Dekorationen wurden in Modellen vorgefertigt und auf ihre Wirkung geprüft.

Der dänische König Frederik IV. war als Liebhaber von Ballettaufführungen bekannt, und August der Starke wollte sicherstellen, dass er ganz und gar auf seine Kosten kam. So entließ er den 1701 wegen Betrug zu lebenslanger Haft verurteilten Ballettmeister Angelo Constantini aus dem Kerker und setzte ihn wieder in sein Amt ein. Mit glänzenden Festen und prächtigen Vergnügungen für den Gast machte Friedrich August den Staatsbesuch seines Vetters zu einem derart unvergesslichen Ereignis, dass König Frederik IV. am 28. Juni voller Bewunderung für die finanzielle Potenz des Sachsen einen Bündnisvertrag unterzeichnete. Chronist von Loen vermerkte, der Dresdner Hof gehöre zu den «prächtigsten und galantesten [...] der Welt. Die Stadt Dresden scheint gleichsam ein bloßes Lustgebäude zu sein. Bey hof werden immer Lustbarkeiten angestellt.» [52] Einen Tag später reisten die beiden Regenten nach Preußen, um Friedrich I. doch noch zu gewinnen.

Inzwischen verfolgte Karl XII. den russischen Zaren weiterhin mit seiner Rache. Seit April belagerten 30 000 Schweden Poltawa und versuchten vergeblich, die kleine ukrainische Festung zu erobern. Peter I. war entschlossen, die Angreifer endgültig in ihre Schranken zu weisen, und eilte Poltawa mit einer Übermacht von 42 000 Soldaten zu Hilfe. Nach blutigen Kämpfen und schrecklichen Verlusten auf beiden Seiten errangen die Russen am 8. Juli 1709 einen so deutlichen Sieg, dass Karl XII. nichts anderes blieb, als zu kapitulieren und in die Türkei zu fliehen. Verbittert und zornig versuchte er, den Sultan zum Krieg gegen den Erzfeind Russland zu motivieren. Doch der Sultan ließ sich so leicht nicht animieren, und der schwedische König sah sich gezwungen, seine Vergeltungspläne zu verschieben.

Die Nachricht vom russischen Sieg bei Poltawa gelangte auch nach Preußen und wurde dort begeistert gefeiert. Am 15. Juli schlossen Friedrich August, Frederik von Dänemark und Friedrich von Preußen ein Verteidigungsbündnis gegen die Schweden. August der Starke begab sich nach Polen, um dort über die Rückgabe des Thrones zu verhandeln. Während seines Aufenthalts brachte Anna Constantia von Cosel am 24. Oktober in Dresden ihre zweite Tochter, Friederike Alexandra, auf die Welt. Wieder litt sie so unter den Folgen der Entbindung, dass man in der Residenz mit ihrem Ableben rechnete. Als Friedrich August vom Zustand der Cosel erfuhr, eilte er sofort an ihr Bett und reiste erst zurück nach Warschau, als seine Mätresse sich auf dem Weg der Genesung befand. Einen Monat nach der Geburt beschloss die Cosel, dem Kurfürsten nach Warschau zu folgen, und gab ihre beiden kleinen Töchter in die Obhut ihrer Mutter. Um die Kinder abzusichern, legitimierte August der Starke die Mädchen mit einer Urkunde, in der er ausdrücklichen Bezug nahm auf den heimlich mit Anna Constantia von Cosel geschlossenen Vertrag.

In den Augen der Welt war Peter I. jetzt unangefochtener Herrscher einer Großmacht, und er gedachte diese Position auf allen Ebenen für sich und sein Land zu nutzen. Der Zar hatte ehrgeizige Pläne und wies seinen glücklosen Verbündeten Friedrich August an, den Friedensvertrag von Altranstädt unverzüglich zu kündigen und in Polen einzumarschieren. Dort sollte er sofort den polnischen Thron für sich reklamieren oder aber für immer darauf verzichten. Der Sachse erkannte den Ernst der Lage und gehorchte. Als die Nachricht in Polen eintraf, floh König Stanislaus Leszczynski mit fliegenden Fahnen aus dem Land – und August der Starke zog in Polen ein.

Die polnischen Untertanen quittierten seine Rückkehr mit gemischten Gefühlen. Dieser Herrscher hatte mit seinen kriegerischen Aktivitäten viel Leid über das Land gebracht. Friedrich August versprach, mit seiner Armee dafür zu sorgen, dass Plünderungen und Brandschatzungen, in den Städten und Dörfern an der Tagesordnung, ein Ende haben sollten.

Umso entsetzter waren die Polen, als sie feststellen mussten, dass sich die sächsischen Soldaten wie eine Besatzungsmacht im Land aufführten. Der Adel und breite Kreise der Bevölkerung waren empört und protestierten lautstark. Im April 1710 fand in

Warschau eine Ratstagung statt. Man wollte August II. nur dann wieder als König anerkennen, wenn er auf alle absolutistischen Reformen verzichtete. Friedrich August sicherte zu, die sächsischen Truppen so bald wie möglich nach Hause zu schicken, und leistete ein feierliches Gelöbnis, die Interessen des Landes *Per omnia extrema [unter allen Umständen] bis zum letzten Augenblick unseres Lebens zu verteidigen und zu wahren*[53]. Am 16. April 1710 wurde August der Starke wieder in seine königlichen Rechte eingesetzt. Während er mit seiner Mätresse Anna Constantia von Cosel feierte, drohte von anderer Seite Ärger.

Papst Clemens XI. hatte seine Forderung, den Kurprinzen konvertieren zu lassen, nicht vergessen. Bereits im Januar 1710 hatte er seinen Neffen Annibale Albani und den Rektor des Deutschen Kollegiums nach Dresden entsandt. Im Namen des Heiligen Vaters verlangten sie eine bindende Zusage über den Konfessionswechsel. Als Friedrich August nicht in der gewünschten Form reagierte, schuf der Papst Fakten und verkündete im Kardinalskollegium, er habe die feste Zusage des kurfürstlichen Königs, seinen Sohn der katholischen Kirche zuzuführen.

In der sächsischen Heimat entstand eine Allianz zwischen Adel und Geistlichkeit. Die Männer der Kirche hatten ihrem Kurfürsten den Glaubensübertritt keineswegs verziehen und warfen ihm wegen seiner wechselnden Geliebten ein unchristliches Leben vor. Schlimmer noch, so schallte es von den Kanzeln, sei aber, dass der Regent die polnischen Katholiken bevorzuge.

Damit nicht genug, hatte sich die fromme Christiane Eberhardine mit ihrer ebenfalls protestantischen Schwiegermutter verbündet. Beide Frauen waren fest von der Schändlichkeit des Glaubenswechsels überzeugt und ließen auch öffentlich keinen Zweifel an ihrer Einstellung. Das allein hätte Friedrich August nicht beunruhigen müssen, doch die beiden Damen beeinflussten seinen Sohn und Thronfolger beharrlich in ihrem Sinne. Die Erziehung des ein wenig phlegmatischen Kurprinzen lag noch immer in den Händen seiner Großmutter, die bei der Auswahl der Lehrer streng auf deren Konfession achtete.

Über Rom drangen aus Paris beunruhigende Meldungen an die Ohren des kurfürstlichen Königs. Angeblich versuchten sächsisch-protestantische Geheimverbindungen, den Kronprinzen Friedrich August zur Entthronung seines Vaters zu veranlassen. Es hieß, sogar die Mutter des Prinzen stünde deswegen mit sächsischen Adligen und auswärtigen Fürsten in geheimer Verbindung.

Anna Sophie und Christiane Eberhardine hatten inzwischen heimlich die Konfirmation des Kurprinzen vorbereitet. Ohne Wissen seines Vaters wurde der Vierzehnjährige am 14. Oktober 1710 im nördlich von Torgau gelegenen Schloss Lichtenburg, dem Wohnsitz seiner Großmutter, konfirmiert. Er versprach an Eides statt, für immer ein treuer Protestant zu bleiben.

August der Starke war erbost, als er davon erfuhr, verfolgte die Pläne, die er für seinen Sohn hatte, dennoch unbeirrt weiter. Eines Tages sollte dieser die polnische Krone tragen, und dafür war sein Vater zu einem hohen Einsatz bereit. Er wusste, dass er früher oder später würde einschreiten müssen, denn als Protestant konnte sein Sohn die Nachfolge in Polen nicht antreten. Wofür aber die ganzen Mühen auf sich nehmen, wenn nicht, um Kurfürstentum und Königreich an den legitimen Spross weiterzugeben? Friedrich August setzte alles daran, dem Kurprinzen eine solide Basis zu verschaffen. Verstärkt bemühte er sich, seine Stellung sowohl in Sachsen als auch in Polen zu festigen.

Die Monate Juli bis Dezember verbrachte der Monarch meist in Polen, um spätestens im Januar rechtzeitig zum Beginn des Dresdner Karnevals in der sächsischen Residenz einzutreffen. In seinem Gefolge stets eine stattliche Anzahl polnischer Adliger, die das tolle Treiben in Dresden der winterlichen Langeweile in Warschau vorzogen. Friedrich August amüsierte sich bis zum Aschermittwoch nach Herzenslust, feierte mit dem Volk und beeindruckte immer wieder mit seinen enormen Kräften. So auch am 15. Februar 1711, als er ein Hufeisen mit bloßen Händen in zwei

Teile brach. Bester Stimmung und von sich selbst begeistert, ließ er den Beweis seiner Stärke in die Kunstkammer bringen und gleich ein offizielles Zertifikat anfertigen: «Inliegendes Huf Eisen haben S: Königl: Maj: In Pohlen und Churfürstl: Durchl: Zu Sachßen mit dero Eigenen Hohen Händen am 15. Februar 1711 im 41. Jahre Ihres Alters, voneinander gebrochen, und dasselbe durch Dero Ober-Aufseher Herren von Zieglern in die Kunst Kammer verwahrlich beyzulegen mir einhändigen lassen. Geschehen zu Dreßden am 16. Februar A° 1711.»[54] Das Volk war entzückt und jubelte seinem «August dem Starken», dem «sächsischen Herkules», frenetisch zu.

Die Bürger waren leichter zu erfreuen als der Adel. Die sächsischen Stände wollten sich noch immer nicht mit seinen absolutistischen Ansprüchen abfinden und versuchten im April 1711 noch einmal, ihrem Kurfürsten größeres Mitspracherecht in politischen Fragen abzutrotzen. Friedrich August reagierte bestimmt: *Dießes ist absolutes nicht zu gestahtten und leset [lässt] sich koin her leges [Gesetze] vorschreiben; den er schon wießen wird, was zu seinen und der seinigen besten und nutz des landesbesten ist; die voher-*

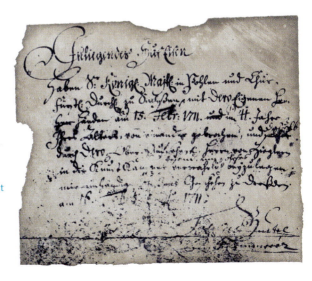

Das von August dem Starken zerbrochene Hufeisen und das darüber ausgefertigte Zertifikat

ros gethan, haben es nicht verantworten können und ist koin condominium [Doppelherrschaft] zu verstatten. [55]

Am 17. April 1711 verstarb in Wien Joseph I. und hinterließ zwei Töchter. Der Tod des Kaisers hatte unmittelbare Auswirkungen auf den kurfürstlichen König, gemeinsam mit dem Kurfürsten von der Pfalz wurde er zum Reichsvikar ernannt. In dieser prestigeträchtigen Funktion hatte er die Reichsgeschäfte bis zur Krönung eines neuen Kaisers zu führen, und er beschloss, die Position für seine Zwecke zu nutzen.

Maria Josepha von Habsburg, die Erstgeborene des Verblichenen, schien ihm eine gute Partie für seinen Sohn, immerhin war sie die mögliche Erbin des Hauses Habsburg. Falls der jüngere Bruder des verstorbenen Kaisers kinderlos bliebe oder dessen Gemahlin nur Töchter zur Welt brachte, stand Maria Josepha der Thronfolge am nächsten. Eine Hochzeit mit ihr konnte im günstigsten Fall für den Kurprinzen den Weg zur Kaiserkrone ebnen. Der frischernannte Reichsvikar streckte die Fühler aus.

Das ehrgeizige Projekt machte die Klärung der leidigen Glaubensfrage allerdings dringlicher denn je.

Am 24. Mai 1711 nahm er seinen Sohn, ohne vorher mit dessen Mutter oder Großmutter gesprochen zu haben, auf eine Reise mit und begann, den Knaben in seinem Sinne zu manipulieren. Sechs Wochen später brachte er ihn für vier Tage nach Hause, um ihn am 13. Juli auf eine Kavalierstour zu schicken, die den Kurprinzen in den kommenden acht Jahren von Dresden fernhielt. Tag für Tag bearbeiteten sorgfältig ausgesuchte Begleiter, allesamt katholischen Glaubens, den jungen Mann und bemühten sich, ihn von der Notwendigkeit eines Konfessionswechsels zu überzeugen. Der Kurprinz hielt sich wacker, doch auf die Dauer war er dem Druck seines mächtigen Vaters nicht gewachsen. Der beendete die Prozedur im November mit einem Brief, in dem er in aller Deutlichkeit formulierte, was er für geboten hielt: *Ihr wisst, mein geliebter Sohn, daß Ihr meine einzige Hoffnung seid. [...] Ich sage Euch daher, es ist meine Meinung, mein Rat und mein Wille, daß Ihr den katholischen Glauben annehmt; nur so könnt Ihr gerettet werden, sonst seid Ihr auf ewig verloren. Dies verlangen auch*

Medaillonbildnis Augusts des Starken. Emailmalerei, 1709. Einfassung von Johann Melchior Dinglinger

die Gebote der Ehre und die Gesetze unseres Hauses, aber darüber will ich jetzt nicht sprechen. Es genügt, wenn Ihr begreift, daß Euer Heil es fordert, Gott es befiehlt und Euer Vater, der König, es mit Leidenschaft wünscht.[56] Der Brief verfehlte seine Wirkung nicht.

Am 27. November 1712 trat der Kurprinz während eines Aufenthalts in Bologna diskret – wie Jahre zuvor sein Vater – zum katholischen Glauben über. Aus taktischen Gründen bestand August der Starke darauf, die Angelegenheit vorläufig geheim zu halten und erst zu gegebener Zeit öffentlich zu machen.

Fürstliches Leben

In Polen war die Situation noch schwieriger als im heimischen Sachsen. Eine vernichtende Pestepidemie hatte dem vom Krieg zermürbten Land den Rest gegeben. Geld und Nahrungsmittel fehlten an allen Ecken und Enden, überall formierte sich verdeckter, aber auch offener Widerstand. Der König erkannte, dass es nur eine Macht gab, die uneingeschränkt seinen Interessen diente: die sächsische Armee. Zum Ärger des Volkes brach er sein 1710 gegebenes Versprechen, die Soldaten so schnell wie möglich in die Heimat zurückzuschicken. Der polnische Adel murrte erst leise, dann immer lauter, und August II. entschied, die Opposition notfalls mit Waffengewalt zur Räson zu bringen.

1713 kam es zu einer ernsthaften Krise. Jakob Heinrich von Flemming stellte gemeinsam mit dem König Überlegungen an, Polen zu einer Erbmonarchie umzugestalten. Die Pläne sickerten aus dem Schloss und lösten einen Aufstand aus, der nur mit Hilfe russischer Soldaten niedergeschlagen werden konnte.

Zu den politischen kamen private Sorgen. Anna Constantia von Cosel, die an ihrem zweiunddreißigsten Geburtstag, dem 17. Oktober 1712, ihr drittes Kind, einen Sohn – Friedrich August –, geboren hatte, fiel den sorgfältig gesponnenen Intrigen ihrer höfischen Feinde zum Opfer. Allen voran arbeitete der ehrgeizige Flemming am Sturz der mächtigen Mätresse. Ende 1713 musste die schöne Gräfin Dresden verlassen und sich auf ihren

Friedrich August von Cosel
Friedrich August von Cosel verbrachte sein Leben vorwiegend am Dresdner Hof, erhielt eine militärische Ausbildung und übernahm 1739 ein eigenes Regiment. Nach dem Tod seines Vaters diente er dessen Nachfolger, seinem Halbbruder, und erhielt für seine Tapferkeit das Generalspatent. 1749 heiratete er eine Gräfin Holtzendorff, mit der er zwei Söhne und zwei Töchter hatte. 1761 ließ er in Dresden das prächtige Coselpalais errichten. Als Alleinerbe seiner Mutter kam er in den Besitz der schlesischen Herrschaft Sabor. Dort starb er am 15. Oktober 1770, zwei Tage vor seinem achtundfünfzigsten Geburtstag.

Friedrich August Graf von Cosel. Kopie von Gerhard Keil (1977) nach einem zeitgenössischen Gemälde von Louis de Silvestre

Landsitz Pillnitz zurückziehen. Dort verlebte ihr Sohn seine Kindheit, bis ihn sein Vater im hoffähigen Alter in die Residenz und in sein Schloss holte. Hier wurde Hofmeister Karl Tanner mit der standesgemäßen Erziehung des Knaben beauftragt. Die Kosten dafür bestritt August der Starke aus dem inzwischen beschlagnahmten Vermögen der Gräfin Cosel.

Beraten und verführt von seinem Minister, hatte sich August II. in Polen – wenn auch zögerlich – der jungen Maria Magdalena von Dönhoff zugewandt. Noch keine zwanzig Jahre alt, verfügte sie über all die Attribute, die den polnischen König anzogen: Brust und Hüften wohlgerundet, voneinander getrennt durch eine auffallend zierliche Taille. Die vollen Lippen plapperten unaufhörlich fröhlich und gut gelaunt.

In Adelskreisen wurde die Tochter des Oberhofmarschalls einhellig als eine der schönsten, wenn nicht die schönste Polin betrachtet. Wen störte es da, dass sie nicht eben mit großen Geistesgaben gesegnet war und am liebsten mit ihren possier-

Maria Magdalena von Dönhoff. Zeitgenössisches Gemälde von Adam Manyoki

lichen Affen und Papageien spielte – so dachte Jakob Heinrich von Flemming und sorgte dafür, dass sein Monarch das Mädchen gewissermaßen auf dem Silbertablett serviert bekam. Dann geschah das Unerwartete. Der König fand die Dönhoff durchaus hübsch und willig, aber so unbedarft, dass er zunächst nicht daran dachte, Anna Constantia von Cosel den Laufpass zu geben. Flemming intrigierte weiter, schmiedete Allianzen, streute Gerüchte und erreichte schließlich sein Ziel. Maria Magdalena von Dönhoff wurde die Geliebte des Königs. Ihr doppelt so alter und völlig mittelloser Gatte, Graf Bogislaus Ernst von Dönhoff, wurde großzügig abgefunden und machte keine Schwierigkeiten, als Papst Clemens XI. die Sondergenehmigung zur Auflösung der Ehe erteilte.

Als August II. Ende des Jahres 1713 nach Dresden reiste, begleitete ihn Maria Magdalena von Dönhoff und besiegelte damit den Sturz ihrer Vorgängerin. Diese erhielt den Befehl, unverzüglich den Ehekontrakt herauszugeben. Als sie sich weigerte, holte Jakob Heinrich von Flemming zum entscheidenden Schlag aus und bearbeitete seinen König so lange, bis dieser sich von der ehemaligen Geliebten bedroht fühlte. August der Starke fürchtete, sie könnte ihn mit dem Ehevertrag erpressen, und ließ Gräfin Cosel auf die Festung Stolpen bringen. Eingesperrt hinter den dicken Mauern des düsteren Bauwerks, verbrachte die einst so mächtige Dame ab 1716 die folgenden neunundvierzig Jahre, bis sie am 31. März 1765 im Alter von vierundachtzig Jahren starb.

Friedrich August hatte sich den Einflüsterungen seines Ersten Ministers nicht entziehen können, dennoch dauerte es lange, bis er sich innerlich von seiner langjährigen Gefährtin zu lösen vermochte. Im Frühsommer 1714 kam es zu einem Vorfall, der in Dresden großes Aufsehen erregte: Die höfische Gesellschaft hatte ausgiebig gespeist und sich in kleinen Grüppchen um den kurfürstlichen König geschart, als Maria Magdalena von Dönhoff mit einem besonders aufwendigen Kopfputz den Saal betrat. Stunden hatte sie für ihre Garderobe gebraucht – und sank jetzt in einen tiefen Hofknicks.

Friedrich August musterte sie einen Augenblick, erhob sich und ging festen Schrittes auf seine Mätresse zu. Mit einer schnellen Handbewegung riss er die Fontange von ihrem Kopf und schleuderte sie auf den Boden. Die Gräfin hielt schützend die Hände über ihr derangiertes Haar und wusste nicht recht, wie ihr geschah, da langte Seine Majestät ein zweites Mal zu. Mit einem groben Ruck riss er ihr das Manteau, das Aufsteckkleid, vom Körper, sodass die Dönhoff nur noch in Mieder und Rock vor ihm stand. Die junge Frau öffnete den Mund zum Schrei. Friedrich August stürzte sich mit rasendem Gebrüll auf sie und zerrte so lange an dem, was sie noch am Leibe trug, bis sie splitterfasernackt inmitten der erstarrten Höflinge stand. Seinerseits erschrocken, warf der kurfürstliche König einen Blick auf das, was er angerichtet hatte – und verließ wortlos den Raum. Gräfin Dönhoff erlitt einen Schreikrampf und wurde laut weinend von Hofdamen, die einen schützenden Kreis um sie bildeten, in ihre Gemächer geführt.

Bis weit jenseits der sächsischen Grenzen schlug die Angelegenheit ihre Wellen. Und im «Berliner Informationsblatt» berichtete Franz Hermann Ortgies: «Von Dresden hat man wunderliche Zeitungen gestern spargiret, wie nemlich S. K. M. von Pohlen auf einer Assemblée plötzlich auf die Gräfin Dönhoff, Dero Mätresse, gefallen. Dabey wird debitiret [angenommen], daß der Gräfin Cosel beigemessen würde, solches dem König aus Rache und Jalousie [Eifersucht] angethan oder beygebracht zu haben, dahero diese bereits in der Stille decolliret [enthauptet] wäre.» [57] Anna Constantia von Cosel war keineswegs enthauptet und hatte mit der Sache nur insofern zu tun, als August der Starke sie ganz offensichtlich noch liebte.

Im November 1714 kehrte Karl XII. aus der Türkei zurück und versuchte, seinen Feldzug von der schwedischen Festung Stralsund aus zu Ende zu führen. Russische, dänische, sächsische und preußische Regimenter machten sofort mobil und schlossen den kriegslustigen König auf der Festung ein. Über ein Jahr dauerte die Belagerung. Am 23. Dezember 1715 wehte endlich die weiße Fahne, und Karl XII. floh in einem Fischerboot.

Während Stralsund noch belagert wurde, kam es in Polen zum Eklat. Der Versuch des Königs, den polnischen Reichstag in seinen Kompetenzen zu beschneiden, wenn nicht gar zu entmachten, stieß auf heftigen Widerstand. Adel und große Teile der Bevölkerung lehnten sich gegen die Sachsen auf. Blutige Kämpfe forderten auf beiden Seiten viele Opfer, und August II. musste erneut den Verlust der Krone befürchten. Er übertrug das Oberkommando über die sächsische Armee Jakob Heinrich von Flemming. Je länger der Aufstand dauerte, umso brutaler ging dieser mit den Rebellen um. Wer in Gefangenschaft geriet, wurde erbarmungslos getötet. Die Polen vergalten Gleiches mit Gleichem und ermordeten ihrerseits jeden Sachsen, dessen sie habhaft wurden. Der König bot Verhandlungen an, doch der polnische Adel verweigerte jedes Gespräch.

Mit dem Ziel zu schlichten schaltete sich 1716 Zar Peter I. ein. Friedrich August durchschaute die Pläne des Russen, hatte jedoch keine andere Wahl, als das Angebot anzunehmen. Während der Verhandlungen bestätigte sich, was der kurfürstliche König vermutet hatte. Peter I. stand in entscheidenden Fragen auf der Seite des polnischen Adels und zwang August II. mit dem Frieden von Warschau, sowohl die sächsische Armee als auch die meisten Beamten aus dem Kurfürstentum zurück nach Hause zu schicken. Darüber hinaus musste er endgültig auf seinen absolutistischen Anspruch verzichten und durfte die Rechte des polnischen Adels nicht weiter beschneiden. Zähneknirschend unterzeichnete August der Starke am 4. November 1716 den Warschauer Vertrag und beendete damit den unseligen Konflikt.

Im Mai 1717 gab Kaiser Karl VI. seine Zustimmung zur Verlobung seiner ältesten Nichte Maria Josepha mit dem sächsischen Kurprinzen Friedrich August. Bevor die Verhandlungen über die «Ehepacten» aufgenommen werden konnten, musste der Religionswechsel des Kurprinzen der Öffentlichkeit bekannt gegeben werden. Am 11. Oktober erklärte der junge Mann in Wien offiziell, dass er schon fünf Jahre zuvor zum katholischen Glauben übergetreten war – und erfüllte damit eine wichtige Bedingung für die Vermählung.

Seiner Mutter schrieb er nach Pretzsch: «Euer Majestät gebe ich mit allem Respekt […] Kenntnis von der Erklärung, die ich am 11. d. M. über meinen Übertritt zur katholischen Religion abgegeben habe. Ich hatte sie seit langem aus eigenem Antrieb angenommen […].» [58]

Christiane Eberhardine war so schockiert über die Nachricht, dass sie den Brief erst drei Monate später beantwortete. Großmutter Anna Sophie erlebte das Bekenntnis ihres Enkels nicht mehr. Sie war wenige Monate zuvor, am 1. Juli 1717, in Lichtenburg gestorben und in aller Stille beigesetzt worden. Weder ihr Sohn noch der Kurprinz hatten an der Zeremonie teilgenommen.

Zum ersten Mal seit Jahren konnte August der Starke mit einer gewissen Gelassenheit in die Zukunft blicken. Seine Saat schien aufzugehen. Er trug den sächsischen Kurhut und die polnische Krone, beide Länder begannen sich langsam von den strapaziösen Kriegen zu erholen, sein Sohn würde in die Familie des Kaisers einheiraten. Er selbst erfreute sich guter Gesundheit und genoss die angenehmen Seiten seines fürstlichen Lebens.

Christiane Eberhardine, Kurfürstin von Sachsen.
Wegen ihrer Frömmigkeit wurde sie die «Betsäule Sachsens»
genannt. Gemälde von Louis de Silvestre, 1720

Essen und Trinken waren ihm seit jeher Zeitvertreib von besonderer Bedeutung. Reichlich gedeckte Tafeln zeigten Wohlstand und Macht, viel essen zu können bedeutete viel Macht, und im Magen des Monarchen war sehr viel Platz. Als Vorspeise ein Pfund frischer Spargel, zarte Poularde und zwei Dutzend Weinbergschnecken, dann Karpfen in Honigsoße, gegarter Hecht, Kapaun, Fasane, junges Wildschwein im Ganzen und immer wieder eines seiner Leibgerichte, etwa Rinderschwanz in Petersiliensoße mit Gelben Rüben. Zu allem am liebsten reichlich Tokajerwein und zum Nachtisch Nüsse, Pistazien, Esskastanien, Konfekt, Marmeladen, Trauben, Birnen, Granatäpfel und Feigen. Und wenn er dann noch immer nicht satt war, krönte August der Starke die Speisefolge mit einem mächtigen, mit Parmesan gefüllten Eierkuchen. Das Hofjournal von 1729 vermerkte, dass drei Stunden pro Mahlzeit keine Seltenheit waren.[59]

Eine besondere Vorliebe hegte der Monarch für gut gekühlte Austern, die er im Dutzend verzehrte. Um die begehrten Schalentiere stets frisch auf den königlichen Tisch zu bekommen, führte August der Starke 1706 die erste und 1711 eine zweite Küchenkutsche ein. Eine traf jeden Donnerstag, die andere jeden Sonntag aus Leipzig in Dresden ein. Denn am Dienstag und Freitag kam frischer Fisch aus Hamburg auf den Leipziger Markt.

Stets war der Tisch so überladen mit Köstlichkeiten, dass selbst der König und sein Hofstaat nicht alles aufessen konnten. Was übrig blieb, kam zurück in die Küche und damit in die Obhut des Oberküchenmeisters. Der und seine Köche betrieben hinter dem Rücken des Landesvaters einen einträglichen Handel mit den übriggelassenen Lebensmitteln und besserten auf diese Weise ihr Einkommen auf. Manchmal vereitelte der Regent ihre Pläne und gab in beschwipster Stimmung das Essen zum eigenen Amüsement für seine Untertanen frei. Chronist Johann Michael von Loen beschrieb ein solches Ereignis: «Das lustige Schauspiel begann nach geendigter Tafel. Die Tische wurden nicht aufgehoben, sondern alles Esswerk, was darauf stand, den hungrigen Soldaten preis zu geben.»[60] Weil allerdings das Brot aufgebraucht war und die Soldaten dennoch einen Anreiz bekommen sollten, die letzten Bissen zu erstürmen, befahl der Feldmarschall,

1000 harte Gulden ins verbliebene Essen zu stecken. Es wurde darauf zum Sturm geblasen. Die in Schlachtordnung gestellten Soldaten rannten beutegierig auf die mit Speisen angefüllten Tische los. Die Vordersten wurden von den Nachfolgenden überrannt und «zu Boden gedrückt, so gar, dass auch das eine Tischblatt mitten voneinander geborsten und also wohl über 100 Mann auf einem Haufen untereinander wühlten»[61]. Friedrich August trank derweil seinen Wein und amüsierte sich wahrhaft königlich.

Abgesehen von dergleichen Anlässen war in erster Linie Hofnarr Joseph Fröhlich für das Amüsement des Regenten zuständig. Friedrich August schätzte ihn sehr. Er war der Einzige bei Hof, der den König duzen und ihm geschickt verpackt auch unangenehme Wahrheiten sagen durfte. Fröhlich war ein Meister seines Fachs und machte eine entsprechende Karriere. Der gelernte Müller konnte wegen seines verwachsenen Körpers die schweren Getreidesäcke nicht schleppen, verließ die väterliche Mühle und verdingte sich zunächst auf Jahrmärkten als Spaßmacher. Einige Jahre war er der Narr des Bischofs von Bamberg. Von dort gelangte er an den Dresdner Hof. Der kurfürstliche König ernannte ihn später zum Kurzweiligen Rat und Oberinspektor des Mühlenwesens und machte ihn damit zu einem wohlhabenden Mann.

August der Starke legte großen Wert auf Fröhlichs Gesellschaft und nahm ihn stets mit, wenn er auf seiner geliebten Moritzburg zur Hatz lud. Bevor die fürstlichen Gäste eintrafen, musste das Personal des Jagdschlosses ausreichend Wildgeflügel einfangen, die Tiere putzen und mit Federbüschen geschmückt wieder auf den Seen und Teichen aussetzen: «Also verfügten sich Ihro Königliche Majestät in Pohlen und Churfürstliche Durchlauchtigkeit zu Sachsen, Herr Friedrich August, unser allergnädigster Herr […] auf dem großen Moritzburgischen Teich, allwo etzliche hundert auf den Köpffen mit hohen Federbüschen apart gezierte Enten und Gänse zu finden, welche von dieser hohen Gesellschaft […] durch Schießen erleget und getödtet wurden»[62], berichtet Zeitzeuge Julius Bernhard von Rohr aus dem Jahr 1718.

Die königliche Lebensweise führte zum Entsetzen der Ärzte dazu, dass August der Starke bei einer Körpergröße von einem Meter sechsundsiebzig zeitweise über zwei Zentner auf die Waage brachte. Johann Michael von Loen schilderte den kurfürstlichen König zu dieser Zeit voller Bewunderung: «Der Bau seines Leibes ist stark, untersetzt und wohlgewachsen. Alle Gliedmaßen an demselben haben ein abgemessenes Verhältnis. Die Züge seines Gesichtes formieren eine solche Bildung, die mit einmal etwas Großes und Erhabenes ausdrückt. Man findet darin nichts als männliche Zeichen, einen hohen Mund, starke Lefzen und Augenbrauen, eine hohe Stirn und breite Kinnbacken. Nur die Augen mischen in ihr Feuer einen Blick, der huldreich und freundlich ist.» [63]

Zwei bis drei Flaschen Wein betrug sein täglicher Konsum, und wenn gefeiert wurde, trank er sechs bis sieben. Während seine Minister den nächsten Tag völlig verkatert und nur unter Aufbringen all ihrer Disziplin überstanden, war Seine Majestät meist früh auf den Beinen und widmete sich den Staatsgeschäften. Wenn er zum Umtrunk lud, gab es für seine Getreuen kaum ein Entrinnen, und mancher fürchtete sich vor den Abenden, an denen es zu fortgeschrittener Stunde oft derb und roh zuging. Ein Augenzeuge notierte vom achtundvierzigsten Geburtstag des Monarchen am 12. Mai 1718: «Man trank stark, wo der König war. Die Damen, die Gesandten und diejenigen Herren, welche auf diesem Kampfplatze keine Helden waren, hatten sich davon gemacht. Einige polnische Magnaten, denen hier die Deutschen wacker zugesetzt hatten, fanden sich übermannt [...] allein die Wache schützte vor, dass sie Befehl hätte, niemand den Ausgang zu verstatten. Einige darunter sahen so blaß aus wie der Tod; ihre Köpfe wackelten auf den Schultern, und ihre Füße taten ungewisse Tritte. [...] Ein polnischer Herr erweckte bei mir ein Mitleiden, das Wasser tropfte ihm durch die Unterkleider herunter; er tat nicht anders, als ob er den Geist aufgeben wollte. Ein anderer Pole wurde wild. Er schwur bei dem deutschen Teufel, daß wo man ihn nicht würde hinaus lassen, so würde er der Natur in des Königs Gegenwart freien Lauf lassen. Als man seinen Ernst sah, ließ man ihn gehen.» [64]

Gut ein halbes Jahr später wurde Karl XII. vor einer kleinen norwegischen Festung von einer Kugel in die linke Schläfe getroffen und erlag der Verletzung am 11. Dezember 1718. Seine Schwester Ulrike Eleonore folgte ihm auf den Thron. Endlich bot sich eine Gelegenheit, den langersehnten Frieden zu erreichen. August der Starke griff zu und schloss im November 1719 einen Waffenstillstand mit Schweden. Im Gegenzug erkannte Ulrike Eleonore ihn als rechtmäßigen König von Polen an. Friedrich August gestattete Stanislaus Leszczynski, seinen Titel weiterzuführen, und fand ihn mit einer Million Taler ab. Erfreut über die Entwicklung, zogen sich Preußen und Dänen zurück.

Am 10. September 1721 schlossen Ulrike Eleonore von Schweden und Zar Peter I. von Russland den Frieden von Nystadt. Der Große Nordische Krieg war nach zwei Jahrzehnten zu Ende. Als eindeutiger Sieger ging Peter I. daraus hervor, und Friedrich August musste sich fortan mit dem bescheiden, was der mächtige Zar ihm erlaubte und zugestand.

Während der Preußenkönig Vorpommern mit Stettin sowie die Inseln Usedom und Wollin in seinen Besitz bringen konnte, vermochte der Sachse keine territorialen Eroberungen zu verbuchen. Hauptgewinner des Krieges war auch in diesem Bereich Russland. Der Friede von Nystadt brachte dem Zar Ingermanland, Estland, Livland und Karelien. An die Stelle der schwedischen trat die russische Großmacht. Ohne sie konnten in Osteuropa keine Entscheidungen mehr getroffen werden. August der Starke jedoch hatte keines seiner Kriegsziele erreicht, und Livland war für Polen verloren. Doch der Frieden bot zumindest eine Chance für die Wirtschaft Polens. Schritt für Schritt wurde der Handel mit Sachsen ausgebaut: Polen lieferte Rohstoffe, aus Sachsen kamen dafür Fertigprodukte.

Frieden

Ihrer überdrüssig, trennte sich August der Starke 1719 von Maria Magdalena von Dönhoff. Willig und in Freundschaft packte sie ihre Siebensachen und heiratete auf Wunsch des Regenten den Fürsten Jerzy Ignacy Lubomirski. August der Starke machte keine Anstalten, sich eine neue Mätresse zu nehmen. Mit seinem Gefolge besuchte er Oper, Ballett und Schauspiel – und fand dort die Damen, die ihn stunden-, manchmal tageweise erfreuten. Der preußische Gesandte in Dresden berichtete am 8. August 1719 nach Berlin: «Bei solchen Gelegenheiten wird wahrgenommen, dass Ihre Königliche Majestät ein besonderes complaisantes [gefälliges] und gnädiges accueil [Empfang] denen italienischen und französischen Virtuosinnen geben, die zu den Opern und Comoedien hier employret [beschäftigt] werden, die S. M. nicht allein würdigen, wenn Sie deren Umstand gewahr werden, gütigst anzureden und dazu wohl vom Pferd absteigen, sondern suchen auch wohl das Vergnügen mit einer und der anderen sich bey anderen Gelegenheiten aparte [allein] zu divertieren, zumal Sie jetzo mit einem einzelnen Frauenzimmer an Dero Hof zu Ihrer Ergötzlichkeit nicht wie sonst versehen.» [65]

Seit jeher gehörte es zu des kurfürstlichen Königs vergnüglichsten Pflichten, die Leipziger Messe zu besuchen. Hier war es auch, dass er seiner nächsten Herzdame begegnete. Erdmuthe Sofia von Dieskau, ein junges, vornehmes Mädchen mit beträchtlichen optischen Vorzügen, entpuppte sich bereits beim ersten Gespräch als den geistigen Ansprüchen des Königs nicht gewachsen. Beeindruckt von den blauen, unschuldigen Augen und dem makellosen Teint seiner Auserwählten, entschied sich August der Starke, darüber hinwegzusehen, dass er dem hübschen Kopf nur belangloses Geplauder entlocken konnte, und machte ihr den Hof. Fröhlich parlierend promenierte er mit ihr über die Messe und fand nach einigen Tagen, dass es an der Zeit war, den nächsten Schritt zu tun.

Sofia von Dieskau quittierte sein feuriges Liebesgeständnis mit einfältigem Schweigen, und Friedrich August musste einsehen, dass er auf diese Weise nicht weiterkam. Er ließ die Mutter der Angebeteten zu sich bitten und setzte sie unverblümt von seinem Begehr in Kenntnis. Frau von Dieskau, eine lebenserfahrene Matrone, erkannte die Chance, die sich ihrem schönen Kind bot – und griff zu. Gegen ein angemessenes Salär, so ließ sie Seine Majestät wissen, wolle sie wohl dafür sorgen, dass die Angelegenheit in seinem Sinne gelöst würde. Ein erklecklicher Betrag wechselte den Besitzer, und wenig später lag Fräulein von Dieskau im königlichen Bett. Die Affäre dauerte ein Jahr, dann begann sie den Monarchen zu langweilen. Sofia von Dieskau wurde mit Hofmarschall Johann Adolf von Loß vermählt und stieg, wie ihre Mutter geplant hatte, in höfische Kreise auf.

Erdmuthe Sofia von Dieskau. Kupferstich

1719 sollten der Kurprinz und Maria Josepha von Habsburg getraut werden. Jakob Heinrich von Flemming schrieb über den jungen Mann: «Der Prinz liebt die Pracht und den Putz und setzt seinen Stolz darein, einen guten Geschmack zu haben. Er liebt die Tafel, das gute Essen und den Wein, aber ohne Exzess. Er liebt die italienische Musik. Er hat die gewöhnlichen Neigungen der Prinzen: die Jagd, Pferde, Hunde. Er hat gute Ansichten und ist fromm ohne bigott zu sein. Er hat sehr viel Ehrfurcht vor seinem Vater. Er bemüht sich die Leute kennenzulernen. Er hat einen guten Verstand und begreift leicht, was für sein Interesse und seine Bequemlichkeit ist […]. Abschließend kann man sagen, daß er sehr gute Anlagen hat, die aber mehr für das Privatleben als für die Regierung taugen. Hierzu benötigt er die Unterstützung rechtschaffener Leute.» [66]

In Pretzsch saß Christiane Eberhardine und betrauerte noch immer den Glaubenswechsel ihres Sohnes. Zu diesem Zeitpunkt hatten sich die Eheleute so weit voneinander entfernt, dass dem kurfürstlichen König die Befindlichkeit seiner Frau völlig gleichgültig war. Für Friedrich August zählte nur: Er hatte sein Ziel erreicht und seinem Sohn eine ausgezeichnete Partie gesichert, und so empfand er das Zustandekommen dieser Ehe als wichtigen persönlichen Erfolg.

Die Planung für das Fest begann Monate vor dem großen Ereignis. Aus Preußen wurde eigens Johann von Besser geholt, ein erfahrener Zeremonienmeister, der seit dem Regierungsantritt des sparsamen Friedrich Wilhelm I. arbeitslos war. Tore, Straßen und Plätze in ganz Dresden wurden sorgfältig bewacht, denn die Feierlichkeiten fielen in eine unruhige Zeit. Hunger und Teuerung in ganz Sachsen trieben Bettler und Diebesbanden überall dorthin, wo es etwas zu holen gab.

Am 15. Mai reiste Flemming zu letzten Verhandlungen nach Wien. Ebenso wichtig wie der Abschluss eines Allianzvertrages mit dem Kaiser, mit dessen Hilfe August der Starke seine Polenpolitik gegenüber Russland und Preußen absichern wollte, war die Festlegung einzelner Punkte der «Ehepacten». Obwohl man von sächsischer Seite einen freiwilligen Verzicht auf die Ansprüche Maria Josephas hinsichtlich eines möglichen Erbes der österreichischen Länder anbot, zogen sich Flemmings Unterhandlungen wider Erwarten bis Anfang August in die Länge. Das Hauptproblem bildete die Religionsfrage, da die Kaisertochter künftig in einem protestantischen Land leben würde. Am 10. August konnte Flemming endlich den Ehevertrag in Empfang nehmen.

Friedrich August verbrachte die vorhergehenden Wochen damit, die Proben zu überwachen. Vier Tage vor dem eigentlichen Fest begann die Dresdner Bürgerschaft mit den letzten Übungen für den großen Umzug. Der kurfürstliche König hatte für diesen Anlass neue Monturen angeordnet, deren Kosten die Herren allerdings aus eigener Tasche zahlen mussten. Am 26. August marschierten 1200 Männer unter dem Kommando des Gra-

Maria Josepha von Habsburg, die Schwiegertochter Augusts des Starken. Pastell von Rosalba Carriera, um 1720

fen Wackerbarth zum Großen Garten. Hier präsentierten sie sich den kritischen Augen ihres Landesherrn. Der war so zufrieden mit seiner prächtig ausstaffierten Bürgergarde, dass er alle Beteiligten am Nachmittag zu einem ausgiebigen Umtrunk lud.

In Dresden hatten sich viele Neugierige eingefunden. Die Gasthöfe waren überfüllt. Die Preise für Übernachtungen, Speisen und Getränke hatten sich verdoppelt. Ein Zimmer mittleren Standards kostete zehn Reichstaler, für eines der unteren Klasse musste man vier bis sechs Taler berappen.

Endlich, am 2. September 1719, begann der feierliche Einzug der Kaisertochter. Vom Fuß der mittelalterlichen Stadt Pirna aus glitten fünfzehn eigens geordnete holländische Yachten mit weiß und rosa gekleideten Schiffern elbabwärts Richtung Dresden. Sie wurden von etwa einhundert reichverzierten venezianischen Gondeln flankiert. Sie alle begleiteten den Bucintoro, jenes Dogenschiff, das der König für diesen Zweck hatte konstruieren lassen.

Nun trug es Maria Josepha ihrer neuen Heimat entgegen. Mit Kanonenschüssen, zehn Regimentern und Adligen aus Polen und Sachsen empfing August der Starke seine Schwiegertochter unter einem Baldachin aus gelbem Samt. Der kurfürstliche König trug ein purpurfarbenes Hofkleid und hatte eine besonders kostbare Juwelengarnitur seines Goldschmiedes Johann Melchior Dinglinger angelegt.

Die Hochzeitsfeierlichkeiten zogen sich über mehrere Wochen, und Friedrich August scheute nicht Mühe und Kosten, den vornehmen Gästen mit Theateraufführungen und festlichen Banketts zu zeigen, welche Pracht man sich in Dresden leisten konnte. Auf dem Höhepunkt des Festes trug er einen über und über mit Edelsteinen besetzten Rock und ließ sich nicht anmerken, dass dessen Gewicht von etwa dreißig Pfund nicht eben angenehm war. Eingenähte Rosshaarpolster beengten und machten jeden Atemzug zur Qual, unter der mächtigen Allongeperücke rann der Schweiß, aber der «sächsische Herkules» wusste, was er seinem Ruf schuldig war, und trug es mit Fassung.

Blausilbernes Hofkostüm Augusts des Starken, um 1719

Zur Hochzeit ihres Sohnes war auch die kurfürstliche Königin Christiane Eberhardine in Begleitung ihres Hofstaates aus Pretzsch angereist. Als sie nach der Hochzeit auf ihr Schloss zurückkehrte, fehlte die schöne Henriette von Osterhausen im Kreis der Hofdamen. Statt ihrer Herrin zu folgen, amüsierte sie sich mit Friedrich August.

Baronesse Henriette von Osterhausen wurde die letzte offizielle Mätresse des Königs. Um ihre Position am sächsischen Hof zu sichern, trat sie sogar zum katholischen Glau-

Henriette von Osterhausen, die letzte offizielle Geliebte des kurfürstlichen Königs. Kupferstich

ben über. Der Monarch quartierte sie in Schloss Moritzburg ein und genoss einige Monate die Freuden einer unkomplizierten Liebschaft. Sein Aufbruch nach Polen beendete das Verhältnis. Henriette von Osterhausen wurde mit einem polnischen Grafen verheiratet, und August der Starke war wieder frei.

Bis die Festlichkeiten beendet waren, achtete Friedrich August sorgfältig darauf, dass seine Gäste sich zu jeder Zeit gut unterhielten und es niemandem an etwas fehlte. Er wusste, dass die Gesandten der anderen Höfe Order hatten, zu Hause jede Einzelheit, bis hin zum finanziellen Aufwand, zu berichten. Die Tatsache, dass er es sich leisten konnte – oder zumindest leistete –, etwa zwei Millionen Taler für die Hochzeit seines Sohnes auszugeben, würde sein Ansehen heben, und vor allem darum ging es. Wer sich sparsam gab, geriet in den Verdacht der Mittellosigkeit – und das senkte die Bündnisfähigkeit.

Auch für die Wirtschaft waren festliche Anlässe ein Gewinn. Dresdens Handwerksmeister beschäftigten zusätzliche Helfer, die ihnen bei der Bewältigung ihrer Aufträge zur Hand gingen. Sie alle waren sehr zufrieden mit ihrem Herrscher. Wenn im Schloss groß gefeiert wurde, verdienten sie in einem Monat mehr als sonst während des ganzen Jahres.

Wirtschaft und Kunst

Der Nordische Krieg hatte das Land viel Geld gekostet. Der sächsische Bergbau war zwar nicht mehr so ergiebig wie ein Jahrhundert zuvor, dennoch wurden zwischen 1680 und 1730 alljährlich noch immer viereinhalb Tonnen Edelmetall zutage gefördert. Das reichte jedoch nicht, um die Staatskasse erneut zu füllen. Es galt Mittel und Wege zu finden, die brachliegenden Wirtschaftszweige wieder aufzubauen, um den ehemaligen Wohlstand wiederherzustellen.

Am 13. März 1719 war Friedrich Böttger gestorben. Das von ihm erfundene feine weiße Porzellan fand von der Albrechtsburg aus längst reißenden Absatz weit über Sachsens Grenzen hinaus. Seine Nachfolger veredelten die kostbaren Stücke, indem sie kunstfertige Meister für die Modellierung und Bemalung engagierten. Die Bilanzen stiegen, der kurfürstliche König war zufrieden. Je mehr Waren in Sachsen produziert wurden, umso mehr Menschen wurden gebraucht, die diese Waren herstellten. August der Starke stand vor einem Problem – und fand eine ungewöhnliche Lösung.

In fast allen deutschen Staaten mussten Fahnenflüchtige mit der Todesstrafe rechnen. Wer den Dienst an der Waffe unerlaubt quittierte und erwischt wurde, baumelte schnell am nächsten Galgen. Friedrich August entschied, dass dies eine unstatthafte Verschwendung von dringend benötigter Arbeitskraft war. Auf seinen Befehl wurden Deserteure seit 1718 nicht mehr zum Tode verurteilt, stattdessen ließ er sie in Ketten legen und auf dem Bau arbeiten. Aufgegriffene Trinker, Landstreicher und Bettler – gleich welchen Geschlechts – landeten im Zucht- und Arbeitshaus Waldheim.

Waldheim war ein gefürchteter Ort. Hier wurden vor allem Arme und Waisen verwahrt, die obdach- oder elternlos aufgesammelt worden waren. Wie andere Waisenhäuser auch war Waldheim mit ausdrücklicher Genehmigung des sächsischen

Landesherrn verschiedenen Manufakturen zugeordnet. Wer hier lebte und verköstigt wurde, musste hart für sein täglich Brot arbeiten. Auch die Kinder begannen ihre Fron sommers um vier Uhr morgens, im Winter zwei Stunden später, mit einer Scheibe Brot im Magen, um bis 21 Uhr im Dienste des Königs zu leisten, was ihnen abverlangt wurde.

Was sie produzierten, wurde wie viele andere Waren besonders erfolgreich auf der Leipziger Messe feilgeboten. Ein Beobachter schrieb 1717 über die Stadt: «Leipzig pranget mit vielen vortrefflichen schönen Häusern und Gebäuden: Alle Kostbarkeiten werden aus fernen Ländern herzu gebracht: Allerley Nationen, und so zu sagen, Creter und Araber, besuchen seine Messen, daß man sagen möchte, gantz Indien habe sich mit seinen Seiden= und Würtz= Waren in Leipzig eingefunden: An Edelsteinen ist ein Überfluß zu sehen, aber die schöne und zierliche Sprache, die in Leipzig geredet wird, übertrifft alle Edelsteine.» [67]

August der Starke liebte es, auf der Messe zu promenieren. Er genoss den Trubel und mischte sich oft nur in Begleitung eines Kammerjunkers unter das Volk. Neugierig ging er von Stand zu Stand und ließ sich das vielseitige Angebot präsentieren. Kaufleute, bei denen er etwas erwarb, konnten gewiss sein, dass der königliche Besuch sich für sie lohnte, denn meist folgten viele andere Kunden dem Beispiel ihres Monarchen. Während seiner Messebesuche logierte August der Starke bevorzugt im mitten am Markt gelegenen Haus des reichen Andreas Dietrich Apel. Als einer der wohlhabendsten Bürger Leipzigs hatte der Kaufmann das Haus prächtig ausstatten lassen und war stolz, seinem Herrscher Quartier gewähren zu dürfen.

Friedrich August wusste, dass seine Messebesuche den Handel ankurbelten, und absolvierte sie darum umso lieber. Doch nutzte er Macht und Einfluss auch auf andere Weise, um der maroden Wirtschaft wieder auf die Beine zu helfen.

So wurde den sächsischen Kaufleuten eine Weile bei Strafe untersagt, Monturstoffe aus dem Ausland einzuführen. Uniformen für sächsische Soldaten sollten aus sächsischem Gewebe sein, nur so blieb das Geld im Land, nur so wurde die Fabrikation angekurbelt. Die Betroffenen sahen es nicht immer mit Vergnügen, denn das heimische Tuch erwies sich bei Regen als nicht form- und farbbeständig.

Der Handel entwickelte sich nach Wunsch, und 1720 zeigten die Bilanzen, dass der Vorkriegsstand erreicht war. Käufer und Verkäufer aus aller Herren Länder kamen nach Sachsen und brachten bare Münze.

Mit beinahe noch mehr Verve als dem wirtschaftlichen Aufschwung seines Landes widmete sich der kurfürstliche König dem Bauwesen. Nie hatte er die Lektionen seines Lehrers Klengel vergessen, und wenig machte ihm so viel Freude, wie mit seinen Baumeistern – allen voran Matthäus Daniel Pöppelmann – über Plänen zu brüten und die eigenen Ideen verwirklicht zu sehen. Die tiefen kriegsbedingten Löcher in der Staatskasse waren noch nicht geschlossen, doch Friedrich August wollte eine prächtige Residenz. Ohne Rücksicht auf Löhne und Kosten ließ er bauen, renovieren und verändern. Nicht selten präsentierte er seinen Baumeistern eigene Entwürfe, so auch eine Skizze, die die Neugestaltung seines geliebten Jagdschlosses Moritzburg darstellte.

Wann immer er Zeit fand, erholte er sich dort von den alltäglichen Strapazen, und nicht umsonst hieß sein ältester illegitimer Sohn Moritz. In Moritzburg war dessen Mutter, die schöne Au-

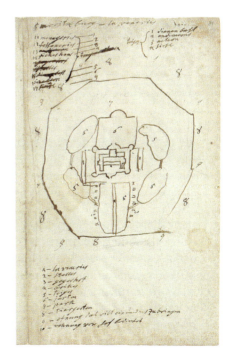

Entwurf Augusts des Starken zum Umbau des Jagdschlosses Moritzburg

Schloss Pillnitz am Dresdner Elbufer. Luftaufnahme von 2005

rora von Königsmarck, den Verführungskünsten des Regenten erlegen.

Pöppelmann, der vor allem für die Pracht- und Prunkbauten der Residenz verantwortlich war, konnte sich vor Arbeit kaum retten. Unter anderem schuf er das prächtige Wasserpalais des elbaufwärts gelegenen Schlosses Pillnitz, den Wallpavillon, das Opernhaus mit dem Redoutensaal, baute das Jagdschloss Moritzburg um, entwarf und beaufsichtigte seit 1711 den Bau des Dresdner Zwingers mit Nymphenbad und Kronentor. Wie der große Hofgarten sollte auch der Zwinger vor allem für festliche Anlässe genutzt werden. Manches Mal musste Pöppelmann seine Handwerker zu solcher Eile antreiben, dass Unfälle geschahen. Doch wenn der kurfürstliche König sich etwas in den Kopf gesetzt hatte, zählten nicht Geld und gebrochene Glieder; die Männer arbeiteten bis zur Erschöpfung, um die enggesetzten Termine ihres obersten Bauherrn einzuhalten. Insbesondere der Zwinger, den

Friedrich August anlässlich der Hochzeit des Kurprinzen fertig sehen wollte, forderte einen hohen Tribut. Seit Herbst 1718 war Tag und Nacht, bei Regen, Schnee und Glatteis, durchgearbeitet worden. Von morgens um fünf Uhr bis abends 20 Uhr arbeiteten 400 Zimmerleute, 300 Maurer, 600 Bergleute und über 200 Gehilfen sowie Tischler, Bildhauer, Steinmetze und Künstler unter enormem Zeitdruck. Unfälle waren die Folge, bei denen mehrere Handwerker zu Tode kamen, andere erlitten Verletzungen, von denen sie sich ein Leben lang nicht erholten. Empört über die gnadenlosen Anforderungen, legten die Maurer ihre Arbeit nieder. Es war Matthäus Daniel Pöppelmann zu verdanken, dass der kurfürstliche König sie nicht schwer bestrafte, sondern ihren Arbeitseifer mit erhöhten Löhnen wieder entfachte.

Schon 1706 hatte August der Starke befohlen, dass die Hauptstraßen seines Kurfürstentums auf den geraden Strecken zehn Ellen (5,50 Meter) und in den Kurven achtzehn Ellen (9,90 Meter) breit sein sollten. So konnten ohne Gefahr zwei Fuhrwer-

Mathematisch-Physikalischer Pavillon, Wallpavillon und Französischer Pavillon im Dresdner Zwinger. Foto von 1997

ke aneinander vorbeifahren, und am Rand blieb ein schmaler Streifen für Fußgänger. Wegen Geldmangel konnte der Plan jedoch erst nach Ende des Nordischen Krieges in die Tat umgesetzt werden. Im Zuge der Arbeiten stellte sich heraus, dass viele der sächsischen Brücken dringend der Überholung bedurften. Statt hölzerner Stege gab der kurfürstliche König steinerne Brücken in Auftrag und übertrug die Ausführung von vier der insgesamt elf Konstruktionen seinem geschätzten Oberlandbaumeister Pöppelmann.

Friedrich August bewunderte die Phantasie und das Organisationstalent des Ingenieurs und Architekten. Immer wieder erwies er ihm seine Gunst durch Geld- und Sachgeschenke, Zuwendungen, die Pöppelmann, Vater von sieben Kindern, gern annahm. Zwei seiner Söhne traten in die väterlichen Fußstapfen und machten Karriere: Johann Adolf Pöppelmann als Hofmaler und Carl Friedrich Pöppelmann als Architekt.

Neben Pöppelmanns prächtigen Entwürfen schätzte August der Starke die Kunst Balthasar Permosers. Seit 1689 lebte der gebürtige Bayer in Dresden und genoss großes Ansehen, auch wenn er zunächst wegen seiner äußeren Erscheinung für erhebliches Aufsehen in der Residenz gesorgt hatte. Gänzlich gegen die herrschende Mode trug Permoser einen enormen Vollbart und scherte sich nicht um Spott und Irritation, die der Wildwuchs in seinem Gesicht provozierte. Friedrich August erkannte schnell, dass der Künstler ein Meister war, und übertrug ihm die Ausschmückung der Pöppelmann'schen Gebäude. Konnte Friedrich August in Dresden nach Belieben

Balthasar Permoser.
Selbstbildnis, um 1700

schalten und walten, waren seinem bauherrlichen Ehrgeiz in Warschau Grenzen gesetzt. Um Grund und Boden zu erwerben, benötigte der polnische König die Erlaubnis des Adels. Doch die hochgeborenen Herren hatten keinerlei Interesse daran, ihrem Monarchen Gebäude zu gestatten, die viel Geld kosteten und nichts einbrachten, außer dass sie sein Ansehen in der Welt hoben.

Wo möglich, umging August II. die Vorschriften des Sejm. Er mietete, was ihm gefiel, und bestand im Pachtvertrag darauf, die jeweiligen Bauten nach seinem Geschmack verändern lassen zu dürfen. Wenn das nicht möglich war, setzte er Strohmänner ein, die für ihn kauften, um ihm das Erworbene dann pro forma zur Miete zu überlassen. So gelangte der König unter anderem in den Besitz der Schlösser Wilanów und Ujazdów, Sommerresidenzen außerhalb Warschaus. Nur das Königsschloss in Warschau blieb unerreichbar; es gehörte dem Adel, und der gab es nicht her.

Baumeister Pöppelmann war in Dresden so beschäftigt, dass er unmöglich auch noch in Polen die Aufträge des Regenten erfüllen konnte. So erhielt sein Sohn Carl Friedrich Pöppelmann die Chance, sein Talent unter Beweis zu stellen. 1724 rief August der Starke den Zwanzigjährigen nach Warschau, stattete ihn mit einem ordentlichen Gehalt und Privilegien aus und verhalf dem jungen Mann zu einer steilen Karriere. Carl Friedrich Pöppelmann stand so hoch in der Gunst des Königs, dass dieser ihn in sein persönliches Gefolge aufnahm und sich beinahe täglich mit ihm beriet.

Aus dem Arbeitsverhältnis entwickelte sich eine so enge Beziehung, dass der junge Pöppelmann einer der wenigen war, die Friedrich August in den letzten Tagen seines Lebens um sich zu haben wünschte. In seinen Akten vermerkte der Architekt, er habe «bey dem Höchsteel. König Glorwürdigsten Andenckens in so besondere Gnade» gestanden, «dass Ihro Majt. In dero letzten Kranckheit denselben sowohl Tags als Nachts bey und um Dero Person behalten, da er dann mit Vorlesen intervenieren, Projecten und Desinien [Zeichnungen] Seine Königl. Majt. biss an Höchst deroselben erfolgtes Absterben, beständig zu amusieren die Hohe Gnade Genoßen»[68].

Noch teurer als die königliche Vorliebe für schöne Bauwerke war Friedrich Augusts Bewunderung für die angewandte Kunst. Während seiner Regierungszeit standen ungezählte Künstler in Lohn und Brot, allen voran der Goldschmied Johann Melchior Dinglinger, den er 1698 zum Hofjuwelier ernannte. Dinglinger galt als der berühmteste und gelehrteste Goldschmied der Zeit, sein Haus in der Frauengasse zog sogar die Könige von Dänemark und Preußen sowie den russischen Zaren magisch an. Wann immer die vornehmen Herren in Dresden weilten, statteten sie Dinglingers Werkstatt einen Besuch ab und sahen dem Meister bei der Arbeit zu.

Schon 1560 hatte einer der kurfürstlich-königlichen Vorfahren die Dresdner Kunstkammer gegründet. Hier war im Lauf der Jahre eine bunte Mischung aus Kunst und Kuriosem angehäuft worden. Neben wertvollem Gold- und Silbergeschmiedeten fanden sich Bilder, Skulpturen und Raritäten aus fernen Ländern. Straußeneier, Kokosnüsse, Stücke von Korallen und Muscheln teilten sich den Platz mit erlesenen Werken verstorbener und zeitgenössischer Künstler.

Hofjuwelier Johann Melchior Dinglinger. Holzstichfaksimile des Kupferstichs aus dem Jahr 1722 von Johann Georg Wolfgang, nach einem Gemälde von Antoine Pesne

August der Starke ließ das Sammelsurium ordnen, das Kunsthandwerk zusammenstellen und stockte den Fundus durch Käufe und Anfertigungen Jahr für Jahr auf. In seinem Auftrag fertigte Goldschmied Dinglinger die berühmtesten Stücke der Sammlung, so auch den «Hofstaat zu Delhi», an dem er gemeinsam mit seinen Brüdern sieben Jahre arbeitete. 165 goldene, buntemaillierte menschliche Figuren, geschmückt mit 3000 Diamanten, Rubinen, Smaragden und Perlen, dazu Tiere, Gefäße und Prunkgeschenke, alles angeordnet auf einem mit Gold und Silber beschlagenen hölzernen Plateau. Der kurfürstliche König zahlte 58 485 Taler für das einzigartige Werk. Weitere Meisterstücke waren ein goldenes Kaffeeservice, der Rhinozeroshorn-Pokal, die Drachenschale und die feine Skulptur «Bad der Diana». Für Letzteres lieferte Balthasar Permoser die zierlichen Schnitzereien. Neider und Feinde des Auftraggebers kritisierten die enormen Summen, die Friedrich August für seine Leidenschaft ausgab. Dabei verkannten sie, dass die meisten der Kostbarkeiten unter anderem dazu dienten, die Herrscher fremder Länder von seinen unerschöpflichen Geldreserven zu überzeugen. In Reisetruhen wohlverstaut pflegte der Regent die Kleinodien mit sich zu führen, um sogar im ärmlichsten Feldlager königlichen Glanz verbreiten und politisch nutzen zu können.

Als der Nordische Krieg zu Ende war, beschloss er, seine Schätze zumindest einer kleinen Öffentlichkeit zugänglich zu machen. Im Dresdner Residenzschloss gab es seit mehr als einhundert Jahren einen Raum, in dem Geldvorräte, wichtige Papiere und Wertgegenstände aufbewahrt wurden. Das grün angestrichene, feuersichere Zimmer wurde 1723 zum Museum erklärt und enthielt die schönsten Exponate aus der Sammlung des Wettiners. 1727 wurde die Ausstellung um vier Räume vergrößert, und es entstand das Grüne Gewölbe, eine Schatzkammer, deren Ruf bald weit über die Grenzen Dresdens hinausging.

Bewacht wurden die königlichen Schätze von einer strengen Aufsicht, die gegen ein ordentliches Bestechungsgeld Besucher aus aller Herren Länder einließ. Der hessische Leibmedikus Daniel Wilhelm Triller war so begeistert von seinem Besuch des Gewölbes, dass er sogar ein Gedicht verfasste:

«Das Auge sieht sich nimmer satt,
Sagt Salomon in seinen Sprüchen.
Ach, daß er Dresden nicht gesehen hat!
Vermutlich hätt' er diesen Satz
Geändert, wo nicht ausgestrichen:
Hier an dem Königlichen Schatz
Womit das grüne Zimmer pranget
Sieht sich das Auge völlig satt,
Daß es nichts mehr zu sehen verlanget.
Umsonst verreist man mit viel Geld,
Vergebens wird mit großen Kosten,
Nach Süd und West nach Nord und Osten
Die Reise hitzig fortgestellt,
Damit man fremde Wunder sehe.
Allein man findet in der That
Weit größte Wunder in der Nähe
Als man nicht in der Ferne hat.
Denn das, was man in Dresden schauet,
Und was AUGUST vollführt und bauet,
Sieht man sonst nirgends auf der Welt.» [69]

1721 holte Friedrich August seine beiden Töchter Augusta Constantia und Friederike Alexandra von Cosel an den Dresdner Hof. Bisher waren die zwölf- und dreizehnjährigen Mädchen von ihrer Großmutter mütterlicherseits erzogen worden, jetzt sollten sie höfischen Schliff erhalten, wie es die Etikette für Töchter eines Königs vorschrieb. Sie kamen in den Haushalt des Oberhofmarschalls Baron von Löwendahl und lernten jetzt erst ihren jüngeren Bruder, den inzwischen neunjährigen Friedrich August von Cosel kennen. Der Knabe lebte in einem eigenen Haushalt und wurde von seinem Hofmeister erzogen. Je älter seine Kinder wurden, umso öfter wünschte der Vater sie um sich zu haben und nahm sie daher häufig auf seine Reisen mit.

Im Lauf der Jahre hatte sich im Postwesen ein Schlendrian eingeschlichen, dem der Landesherr jetzt mit Macht zu Leibe rückte. Unpünktlichkeit und mangelnde Zuverlässigkeit führten zu finanziellen Einbußen für die Staatskasse. 1721 erhielt

Augusta Constantia und Friederike Alexandra von Cosel. Zeitgenössische Gemälde eines unbekannten Künstlers

Adam Friedrich Zürner den Auftrag, sämtliche Post- und Landstraßen mit Postmeilensäulen zu bestücken. August der Starke ließ steinerne Säulen errichten, auf denen die Fahrzeiten der Postkutschen eingemeißelt waren, und zwang die Fahrer mit einem Befehl von 1722 zu mehr Disziplin. Seine Reformen führten dazu, dass die sächsische Post binnen kurzem zum schnellsten Beförderungssystem Deutschlands wurde. Bereits zuvor hatte er den ehemaligen Pfarrer Zürner zum königlichen Geographen ernannt. In dieser Funktion bereiste der gewissenhafte Mann das ganze Land, maß Längen und Breiten und erstellte Landkarten, auf denen das ganze Kurfürstentum eingezeichnet war. Auch diese Neuerung trug dazu bei, dass der sächsische Handel florierte. Die Regenten der umgebenden Länder verfolgten den Aufschwung mit Besorgnis. Was in Sachsen umgesetzt wurde, büßten sie ein. Besonders Preußen war von der Entwicklung betroffen und sah sich gezwungen, Gegenmaßnahmen zu ergreifen. Schon im Oktober 1717 hatten preußische Minister ihren Herrn gewarnt: «Der König in Polen und der Kurfürst von Sachsen können unmöglich größer und mächtiger werden, ohne daß Preußen und Brandenburg dabei verlieren.»[70]

| 1721

Friedrich Wilhelm I. zog die Konsequenzen und befahl im folgenden Jahr, weder Eisen noch Wolle, Holz oder Leder nach Sachsen zu liefern. Außerdem, verfügte er, sei auf die Einfuhr sächsischer Waren, wo möglich, zu verzichten, und belegte die Produkte des Nachbarn mit hohen Zöllen. Durch diesen Befehl wurde der Handel zwischen den beiden Ländern auf ein Minimum reduziert. August schickte seinen fähigsten Mann, um zu vermitteln, doch auch das diplomatische Geschick Flemmings reichte nicht aus, um Friedrich Wilhelm I. Zugeständnisse abzuringen. Im Gegenteil, 1721 verschärfte er die Bestimmungen, erhöhte die Zölle und griff damit auch in den Warenaustausch zwischen Sachsen und Polen ein. Noch einmal musste Flemming nach Preußen, und diesmal hatte er mehr Erfolg. Die Herren unterzeichneten eine Vereinbarung, die den Handel vereinfachen sollte, bald jedoch von preußischer Seite immer wieder gebrochen wurde. Der Konflikt schwelte weiter,

kurzfristig stellte Friedrich August Überlegungen an, wie er den Oder-Spree-Kanal beseitigen könnte, während sein Kontrahent am liebsten die Leipziger Messe verhindert hätte.

Gegenseitig versuchte man sich das Leben schwerzumachen, setzte immer wieder zu Verhandlungen an, doch es sollte noch

Das Kurfürstentum Sachsen Ende des 17. Jahrhunderts

sieben Jahre dauern, bis die Schwierigkeiten endgültig beigelegt wurden.

1722 war für August den Starken ein ruhiges Jahr. Er nutzte es, um an seinen Plänen für eine weitreichende Heeresreform zu arbeiten, und widmete sich seiner Familie. Die beiden Kinder, die

Maria Aurora Rutowska. Zeitgenössisches Gemälde von Louis de Silvestre

Fatima von Spiegel ihm 1702 und 1706 geboren hatte, erhielten einen neuen Namen. Fortan hießen sie Maria Aurora Rutowska und Friedrich August Rutowski. Mit diesem Schritt bereitete der Vater ihre Erhebung in den Grafenstand vor, die er zwei Jahre später vollzog.

Der Kurprinz war inzwischen erwachsen, und August der Starke bezog ihn zunehmend in die Regierungsgeschäfte ein. Zum Ärger seines Ministers Flemming, der immer wieder in Kompetenzstreitigkeiten mit dem jungen Mann geriet, entschied der König häufig zugunsten seines Sohnes. Auch wenn Graf Flemming seinen Unmut noch so deutlich äußerte, Friedrich August ließ sich nicht beirren. Sein Sohn sollte sein Nachfolger werden; zu diesem Zweck musste er lernen, Verantwortung zu übernehmen und die Staatsgeschäfte zu führen. Der Kurprinz seinerseits dankte das väterliche Vertrauen mit unbedingter Loyalität und gab sich alle Mühe, die in ihn gesetzten Erwartungen zu erfüllen.

1724 tauchte eine junge Frau auf, die das Gefüge der augusteischen Familie völlig durcheinanderbrachte. Angeblich war es ihr Halbbruder Friedrich August von Rutowski, der die Tochter der einst so begehrenswerten Henriette Duval aufstöberte und bei Hof einführte. Nach ihrem Stiefvater hieß sie Anna Cathérina Francose und war nicht nur bildhübsch, sondern auch mit einem Temperament gesegnet, das dem ihres Vaters glich. Graf Manteuffel beschrieb sie als «eine Brünette mit außergewöhnlich schmaler Taille. Sie hat einen besonders weißen und glatten Teint […] die Augen sind schwarz, schön und ausdrucksvoll, die Haare reich und von einem schönen Kastanienbraun […] ihre Erscheinung ist gut, mit einem Wort, sie wird das, was man ein Stück vom König nennt […].»[71]

So empfand nicht nur der Graf, so empfand vor allem August der Starke. Anna eroberte sein Herz im Sturm. Nach königlich-

Anna Cathérina Gräfin Orczelska, die Lieblingstochter Augusts des Starken. Pastell von Rosalba Carriera, um 1739

lichem Ermessen sorgte Friedrich August für alle seine Kinder, doch wirklich nah kam und war ihm nur Anna. Mit ihr ritt er aus, mit ihr trank er seine Minister unter den Tisch. Die fröhliche und unkonventionelle junge Frau war ihrem Vater eine amüsante und liebevolle Gesellschafterin. Nachdem Friedrich August nun schon seit Jahren keine feste Mätresse an seiner Seite gehabt hatte, war er dankbar, in seiner Tochter eine Frau gefunden zu haben, die nach den Regeln der höfischen Etikette für ihn repräsentieren konnte. Ob festlicher Ball oder militärisches Manöver, Anna, die mit Vorliebe weiße Männeruniformen trug, begleitete ihren Vater. Sie ritt mit bemerkenswertem Mut, schoss ausgezeichnet, war geistreich und tanzte gut und gern. Friedrich August überhäufte sie mit kostbaren Geschenken. Es dauerte nicht lange, und in Dresden und Warschau wussten die Höflinge, dass sie die Lieblingstochter des kurfürstlichen Königs war. Aus dem Hintergrund murrte eifersüchtig der Kurprinz, dem so viel zur Schau gestellte Innigkeit gegen den Strich ging.

Im Juli 1724 geschah etwas, das dem Ansehen des kurfürstlichen Königs erheblichen Schaden zufügte. In Thorn hatten sich Protestanten und katholische Priesteranwärter derart heftig gestritten, dass die Protestanten in ihrer Rage das Jesuitenseminar zerstörten. Die polnische Justiz verurteilte die beiden Bürgermeister der Stadt und zehn ihrer Ratsherren zum Tode. Friedrich August versuchte die an den Ereignissen völlig Unschuldigen zu retten, doch der Adel ließ nicht mit sich reden. Das Thorner Blutgericht fand statt. Am 7. Dezember 1724 wurden die Männer hingerichtet. Um ein Exempel zu statuieren, befahl der polnische Reichstag darüber hinaus, alle protestantischen Kirchen Thorns den Katholiken zu übergeben. Das löste eine Welle der Empörung aus.

Preußen protestierte vehement, und Zar Peter I. forderte August II. auf, in Polen endlich dafür zu sorgen, dass die Katholiken Andersgläubige nicht tyrannisierten. Überall fragte man sich, was das wohl für ein König sei, der im eigenen Land nicht die Macht hatte, ein Dutzend zu Unrecht verurteilter Männer vor dem Henker zu bewahren.

Friedrich August
Graf von Rutowski.
Zeitgenössisches
Gemälde von
Louis de Silvestre

Friedrich August wusste um seine geschwächte Position. Wenn er schon politisch so wenig ausrichten konnte, so wollte er die königliche Macht wenigstens für seine Familie nutzen. Zwischen dem 19. September und dem 24. Dezember des Jahres erhob er Maria Aurora Rutowska, Friedrich August Rutowski, Anna Orczelska und alle drei Cosel-Kinder in den Grafenstand, verlieh ihnen das entsprechende königliche Diplom und eigene Wappen.

Am 3. Juni 1725 verheiratete der kurfürstliche König seine Tochter Augusta Constantia von Cosel mit dem wohlhabenden Grafen Heinrich Friedrich von Friesen. Friesen hatte in Holland und der Schweiz studiert, kannte ganz Europa, sprach mehrere Sprachen und war siebenundzwanzig Jahre älter als seine junge Braut. Die Königstochter war eine ausgezeichnete Partie für ihn, zumal Friedrich August ihr außer der Standesherrschaft Königsbrück wertvollen Brillantschmuck und 100 000 Taler aus dem beschlagnahmten Vermögen ihrer Mutter als Mitgift gab.

Auf ausdrücklichen Wunsch des Vaters versammelten sich seine sieben anderen Kinder, um der Halbschwester eine Freude zu machen. Besonderen Wert legte der kurfürstliche König auf die Anwesenheit des Kurprinzen. Der lebte fromm und zurückgezogen mit seiner Frau auf Schloss Hubertusburg. Die fruchtbare Maria Josepha schenkte der Dynastie nach einer Totgeburt in beinahe jährlichem Abstand vierzehn Kinder, von denen zehn das Erwachsenenalter erreichten. Am väterlichen Hof ließ das Paar sich nur selten blicken. Dem Thronfolger war die Nähe seines Vaters zu den Halbgeschwistern ein Dorn im Auge. Maria Josepha unterstützte ihren Mann in seiner Haltung. Die kaiserliche Schwiegertochter wünschte Distanz zur unebenbürtigen Verwandtschaft. Nur wenn es sich gar nicht vermeiden ließ, erschien das Paar und strafte die Halbgeschwister so gut es ging mit Nichtachtung.

Dieses Verhalten blieb nicht unbemerkt, und so berichtete der preußische Gesandte am 23. August 1727: «Die stete Gegenwart um und bey dem König seiner 5 natürlichen Kinder [...] verursachet, daß der Printz und die Printzessin gar selten mit von des Königs Companie und partie de plaisirs [Vergnügungen] sind, wan sothane [solche] natürliche Kinder, wie fast allemahl geschieht, sich dabey befinden, weil der Printz und die Printzessin selbige so nicht admittieren [anerkennen] wollen, welches dan auch wohl im Grunde an beyden Seiten nicht ohn alles Misvergnügen ist [...].»[72] Anna Orczelska bekam die Eifersucht des Thronerben besonders deutlich zu spüren. Wenn sie sich auf einem Fest zeigte, zog sich das Kurprinzenpaar, wenn irgend möglich, zurück. Der Vater sah es mit Unwillen.

Gemeinsam mit den Gästen feierte das Ehepaar Friesen die Hochzeit drei Wochen lang auf Schloss Pillnitz, doch das Glück war nicht von langer Dauer. Kaum drei Jahre vergingen, Augusta Constantia hatte zwei Söhne auf die Welt gebracht, als sie am 3. Februar 1728, wenige Tage vor ihrem zwanzigsten Geburtstag, den Blattern erlag. Der Hof- und Staatskalender vermerkte: «An diesem Abend starb auch Frau Augusta Constantia geborene Gräfin von Cosel, Ihre Exzellenz des geheimen Cabinetts-

Ministres und Ober-Cammerherrn Heinrich Friedrich des Heil. Röm. Reichs-Grafen von Friesen Gemahlin zu grossem Leidwesen Dero hohen Hauses und sämmtlichen Hofes, und konnte man von dieser erblasseten Dame so viel sagen, daß dergleichen Persohn gar wenig in der Welt zu finden.»[73]

Wegen der hohen Ansteckungsgefahr wurde eine eilige Bestattung angeordnet. Zu schnell, wie sich herausstellen sollte. Der Totengräber hörte Geräusche aus dem Sarg. Da es sich bei der Verstorbenen um die Tochter des Landesherrn handelte, wagte der Mann nicht, den Sarg ohne Genehmigung zu öffnen. Als diese endlich vorlag, war es zu spät. Im Inneren des Sargdeckels fand man Kratzspuren von Fingernägeln, doch inzwischen hatte die unglückliche Augusta Constantia endgültig ihren letzten Atemzug getan. Ihr erstgeborener Sohn Friedrich starb noch als Kleinkind, ebenfalls an den Blattern, sein jüngerer Bruder August Heinrich lebte bis 1755 und hinterließ keine Nachkommen.

Ein Jahr nach dem Tod seiner Tochter verlor August der Starke einen treuen Weggefährten. Am Vormittag des 13. Mai 1726 eilte Graf Alexander Joseph von Montmorency in die königlichen Gemächer, um seinem Regenten eine traurige Nachricht zu überbringen. Des Königs langjähriger Freund und Vertrauter Friedrich Vitzthum zu Eckstädt war den Folgen eines Duells erlegen. Der Graf, der in Dresden schon 1684 als Page gedient hatte, war ihm jahrzehntelang ein treuer und loyaler Begleiter gewesen. Friedrich August ermöglichte ihm dafür durch stetige Beförderungen eine steile höfische Karriere.

Vom Pagen avancierte Vitzthum zum Oberfalkenmeister, wurde dann Kammerherr und Stallmeister. Er stieg zum Geheimen Rat auf, erhielt die Administration der Hofkassen, die Aufsicht über die Kunstkammer und hatte das königlich-kurfürstliche Lehnsiegel zu verwahren, um schließlich als Kabinettsminister die Interessen des kurfürstlichen Königs zu wahren. Die größte Gunst erwies ihm Friedrich August, als er ihn 1711 kraft seines Amtes als Reichsvikar in den Reichsgrafenstand erhob, wegen «[…] treuer und beständiger Dienstbarkeit vor anderen […] und Insonderheit Friedrich Vitzthum zu Eckstädt […] welcher rühmlich gedienet […] und Sorgfalt gnüglich erwiesen, daß

Wir darüber allergnädigste Satisfraction geschöpfet» [74]. Jetzt war er tot, und Friedrich August selbst hatte die Erlaubnis zu diesem Duell erteilt. Es sollte die Ehre und den guten Ruf seines Freundes wiederherstellen, den ein gewisser St. Giles des Falschspielens beschuldigt hatte. Vitzthum galt als ausgezeichneter Reiter und Schütze. Der König war sicher gewesen, dass er als Sieger hervorgehen würde.

August der Starke war sehr bekümmert über den Tod des Freundes, doch die politischen Ereignisse ließen ihm keine Zeit zum Trauern. Noch immer schwelte der Konflikt zwischen Protestanten und Katholiken, und in Sachsen verfolgte man die Ereignisse besonders aufmerksam. Eine erhebliche Zahl der kurfürstlichen Untertanen hatte sich in all den Jahren nicht mit dem Glaubenswechsel ihres Regenten abgefunden. Allenthalben wuchs ihre Besorgnis, dass die Katholiken die Oberhand gewinnen könnten. Anonyme Flugschriften flatterten durch das Land und klagten den König der Begünstigung katholischer Mordbuben an. Gemeinsam mit dem Kurprinzen, den er inzwischen zum leitenden Minister ernannt hatte, versuchte Friedrich August die Gemüter zu beruhigen.

Am 21. Mai 1726 tötete ein geistig verwirrter Fleischergeselle den Archidiakonus der Dresdner Kreuzkirche. Die Tat führte zu Krawallen, die am 22. Mai in einen Aufstand mündeten. Wütend zog der Mob durch die Straßen und warf mit Steinen. Wackerbarth ließ vier Regimenter einrücken und vor der Hauptwache Kanonen aufstellen. Das brachte die Menge zur Räson, die Aufwiegler zerstreuten sich in alle Winde. Ein Kriegsgericht verurteilte zwei Soldaten der Dresdner Garnison, die sich an der Revolte beteiligt hatten, zum Tode. Einer wurde auf dem Dresdner Altmarkt erschossen, der andere in letzter Minute zu Kettenhaft begnadigt.

Doch mit Gewalt war der Widerstand der Bevölkerung nicht zu brechen. Am 26. August 1726 setzte der kurfürstliche König ein friedenbringendes Zeichen und ließ den Grundstein für den Neubau der Frauenkirche legen. Von den Protestanten wurde dies als Meilenstein der evangelisch-lutherischen Freiheit gepriesen.

Die letzten Jahre

Die Wogen schienen geglättet, und August der Starke nahm einen erneuten Anlauf, die sächsische Armee zu reformieren. Die Umstrukturierung war längst überfällig. Etwa 15 000 Soldaten dienten im Land und waren mit Recht Zielscheibe des Spottes. Schlecht ausgebildet, verlottert und von nicht eben fähigen Kommandanten geführt, machte das Militär eher einen armseligen als einen gefährlichen Eindruck.

Als Erstes schickte der kurfürstliche König Werber durch das Land, um seine Regimenter aufzustocken. Doch die Sachsen zeigten wenig Lust, dem Ruf zur Waffe zu folgen, und wehrten sich sogar mit Knüppeln gegen die Rekrutierung. Als die erfolglosen Offiziere meldeten, dass bei weitem nicht genug junge Männer aufzutreiben gewesen waren, befahl Friedrich August, Landstreicher und Männer ohne Arbeit in die Armee zu pressen. Diesmal waren es die Städte, die seinen Plan vereitelten. Gegen geringes Entgelt vergaben sie Bürgerrechte und erklärten den Landstreicher von gestern zum Eingesessenen von heute, der als Bürger nicht zu militärischen Diensten gezwungen werden konnte.

In dieser Zeit machte dem kurfürstlichen König seine Gesundheit zu schaffen. Ratlos sahen die Ärzte, dass Schwächeanfälle, Ohnmachten und Unwohlsein den Monarchen immer wieder niederzwangen. Heftige Leibschmerzen und offene Geschwüre an den Beinen quälten ihn. Während ein Teil der Mediziner eine verschleppte Syphilis vermutete und das Übel mit Quecksilbereinreibungen zu kurieren versuchte, rätselten andere über eine Erkrankung des Verdauungsapparats und verordneten strenge Diäten. Friedrich August widersetzte sich, aß und trank wie zu allen Zeiten und war überzeugt davon, dass sein kräftiger Körper die Krankheit, welche auch immer es sei, schon überwinden würde. Niemand ahnte, dass der König unter einer Störung litt, die erst viel später entdeckt und als Diabetes oder Zuckerkrankheit bekannt werden sollte.

Der Zustand des Monarchen war heftigen Schwankungen unterworfen, und im Herbst 1726 ging es ihm so schlecht, dass sein Sohn die Regierungsgeschäfte übernehmen musste. Eine schwierige Aufgabe für den Kurprinzen, denn die Minister seines Vaters ordneten sich ihm nur ungern unter.

Am linken Fuß Augusts des Starken hatte sich der zweite Zeh entzündet, und weder Salben noch Umschläge vermochten die Schmerzen zu lindern. Die Entzündung breitete sich aus, Friedrich August konnte kaum noch gehen. Bettruhe lautete die Order der Mediziner. Der König folgte ihr nicht und reiste im September von Warschau nach Grodno, um dort an den Beratungen des litauischen Landtags teilzunehmen. Auf der Rückfahrt im November raubten ihm heftige Fieberschübe und Ohnmachten die verbliebenen Kräfte.

Der Reisetross musste die Fahrt unterbrechen, um den kranken Monarchen in Bialystok im Schloss des Fürsten Czartoryski ausruhen zu lassen. Johann Heinrich Heucher, von allen Leibärzten der geschätzteste, eilte ans Krankenbett. Was er bei der ersten Untersuchung sah, erfüllte ihn mit Angst und Schrecken. Der linke Fuß seines Herrschers war vollkommen vereitert und dick geschwollen. Schlimmer noch, wies der entzündete Zeh die braunschwarze Farbe des Brandes auf – das konnte das Todesurteil sein. Heucher mischte eine Salbe, die die Entzündung heilen sollte. Gewissenhaft befolgte er das Rezept: «Nimm brosam von weißbrot in geyßmilch gesotten / Vj. lot Rosenöl / Camillen öl jedes vier lot / Drey eyer dotter / Seüd die öl mit der brosam wol / biß sy das öl garnahe verschlindet / rhür die eyerdotter darunder / biß das es zu einem pflaster werde / das du es auffstreichen mögst / das leg uff das schmerzhafftig ort / wolt es dir aber nit nach deinem gfallen geraten / so magst du nechstfuolgendes brauchen / das bereyt also.

Nimm der brü darinn Bappelbletter oder Violkraut gesotten seind / oder der brü von hammelfleisch oder dergleichen gsotten / als vil du wilt / laß brosam von brot darin erweychen / und seüds wie droben gesagt / aber zu disem soltu ein wenig Saffran vermischen / deßgleichen auch in das vorig / was es dich gut dunckel.»[75]

Die Arznei half nicht, und Friedrich August ahnte, dass sein Zustand bedrohlich war. Er rief Flemming zu sich und besprach die Details seines Begräbnisses mit ihm. Vor allem, so gab er Befehl, wollte er nicht in Polen, sondern in Dresden bestattet werden.

In der Nacht vom 31. Dezember auf den 1. Januar verschlechterte sich sein Zustand drastisch. Delirierend und von Krämpfen geschüttelt, musste der König gewaltsam im Bett gehalten werden.

Die Leibärzte schickten einen Boten nach Paris. Dort lebte Doktor Jean Louis Petit, ein hochdekorierter Medicus, von dem sie sich Hilfe und Rettung für Seine Majestät erhofften. Am Krankenbett wachte Johann Friedrich Weiß, königlicher Leibbarbier und Balneator und als solcher auch bewandert in der Kunst der Chirurgie. Mutig fällte er eine Entscheidung, die ihn bei Misslingen den Kopf kosten konnte, «die gangrenirte Zehe, welche gleich nach der großen folgt, weiln nichts mehr davon zu erhalten sei, in dem zweiten Gelenke» [76] abzunehmen. Mit viel Honig gesüßt, flößte er dem Patienten eine gehörige Portion Opium ein. Als das Narkotikum seine Wirkung tat und Friedrich August in einen tiefen Rausch gefallen war, zückte der Barbier sein Besteck und amputierte den brandigen Zeh. Sorgfältig verwahrte er ihn in einer kleinen silbernen Dose und erwartete bang das Erwachen seines Königs. Der war empört, als er am nächsten Tag beim Verbandswechsel bemerkte, dass man sich ohne Erlaubnis an seinem königlichen Körper vergriffen hatte. Die Leibärzte enthielten sich vorsichtshalber jeden Kommentars, doch am 19. Januar traf Petit aus Frankreich ein und bestätigte die lebensrettende Notwendigkeit der Operation. Friedrich August verzieh die Majestätsbeleidigung und belohnte Johann Friedrich Weiß mit einem Geldgeschenk in Höhe von 12 000 Talern.

Durch den Eingriff war die Gefahr einer tödlichen Blutvergiftung gebannt, aber die Wunde heilte schlecht, schloss sich nur langsam. Als August II. am 11. Februar 1727 nach Warschau zurückkehrte, saß er im Rollstuhl. In einem Bericht vom 20. April hielt ein Arzt fest: «Seine Majestät kommt mir von Gesicht noch sehr verfallen und maladif [kränklich] vor. Sie hatten auch noch eine etwas schwache und langsame Sprache. Der schadhafte Fuß stund noch garnicht auf der Erde, sondern lag gerade voraus gestreckt auf einem Stuhl.»[77]

In den folgenden Monaten verlor der kurfürstliche König beinahe ein Drittel seines Gewichts, magerte auf vierundachtzig Kilo ab, doch sein Lebenswille war ungebrochen. Am 11. Mai tat er, von zwei Dienern gestützt, die ersten Schritte. Seine Tochter Anna Orczelska hatte bereits im April «eine Walfahrt nach einem miraculeusen Marienbilde»[78] in der Nähe Warschaus unternommen, «[…] wohin sie einen goldenen Fuß zur Danksagung für die glückliche Anschlagung der Cur an des Königs Füße und umb die völlige glückliche Genesung Sr. M. gethan. Sie ist auch auf dieser Walfahrt drei Meilen Wegs zu Fuß gegangen»[79], berichtete der preußische Gesandte nach Potsdam.

Kaum fühlte er sich besser, kehrte Friedrich August nach Sachsen zurück und verbrachte dort die kommenden Monate als Rekonvaleszent.

Am 5. September 1727 starb auf Schloss Pretzsch die fromme Christiane Eberhardine. Weder ihr Mann noch ihr Sohn waren zugegen, als sie wenige Tage später in der St.-Nikolaus-Kirche beigesetzt wurde. Die prächtigsten Stücke ihres kostbaren Brillantschmucks schenkte der König zu deren großem Ärger nicht etwa seiner kaiserlichen Schwiegertochter, sondern seiner Tochter Anna Cathérina Orczelska.

Der Gesundheitszustand Augusts des Starken besserte sich von Tag zu Tag, und als das Jahr 1728 anbrach, schien er schon fast wieder der Alte. Die Leibärzte bestätigen «eine ungemein starcke und gesunde Natur»[80].

Anna Cathérina Orczelska

Am 26. Juli 1726, ihrem Namenstag, erhielt Anna Cathérina Orczelska als einziges von Friedrich Augusts illegitimen Kindern ein eigenes Schloss, das Blaue Palais in Warschau. Im August 1730 verheiratete er seine schöne Tochter mit dem Herzog Karl-Ludwig von Holstein-Beck. Die Hochzeit wurde in Dresden pompös gefeiert. Die väterliche Mitgift beinhaltete Landgüter im Wert von 300 000 Talern, 80 000 Taler Barschaft und 8000 Taler Jahresrente. So abgesichert, war sie als Herzogin von Holstein-Beck nicht auf das Wohlwollen des Thronfolgers angewiesen. Sie starb 1769 in Grenoble.

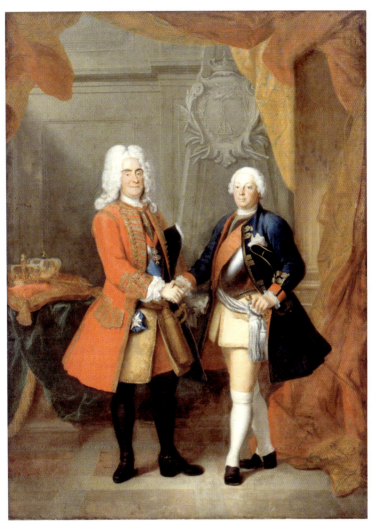

Allianzporträt von König August II. von Polen und Friedrich Wilhelm I. von Preußen. Gemälde von Louis de Silvestre, vor 1730

Man schrieb den 15. Januar 1728, als Friedrich Wilhelm I. zu einem vierwöchigen Staatsbesuch in Dresden eintraf. Einige Tage zuvor war es endlich gelungen, den Konflikt um Zölle und Vertriebs- und Transportwege beizulegen. Beseelt vom soeben geschlossenen Handelsfrieden, verbrachten Friedrich August und Friedrich Wilhelm den Karneval miteinander.

Dem Preußen, der am eigenen Hof ungern Geld für Vergnügungen ausgab, gefiel es in Dresden ausgezeichnet. Hier zahlte ein anderer für die mannigfachen Lustbarkeiten, und am 16. Januar schrieb er nach Potsdam: «Ich bin in Dresden und springe und tanze, ich bin mehr fatagiret als wenn ich alle Tage zwei Hirsche tot hetze. [...] Die hiesige Magnificence ist so groß, daß ich glaube sie habe bei Louis XIV. unmöglich größer sein können und was das liederliche Leben betrifft, so bin ich zwar nur zwei Tage hier, aber ich kann in Wahrheit sagen, daß dergleichen noch nicht gesehen [...] daher ich Ursach habe hier recht vergnügt zu seyen.» [81]

Der kleine, untersetzte Preuße gehörte zu den wenigen, die August der Starke nicht unter den Tisch trinken konnte. Voll des süßen Weines, gründeten die beiden eine Gesellschaft der ganz besonderen Art. Die «Société des antisobres» war ein Bündnis wider die Nüchternheit, aber weit mehr als ein bloßer Zecherverein. Unter dem Vorwand, ganz offen über Absichten, Sorgen und Wünsche aller Mitglieder diskutieren zu können, hofften beide Könige, hinter die Geheimnisse des jeweils anderen zu kommen. Titel, Ämter und Würden sollten keine Rolle spielen, man erdachte Tarnnamen. Die beiden Monarchen erkoren den preußischen Minister Friedrich Wilhelm von Grumbkow zu ihrem Präsidenten und gaben dem gebürtigen Pommern den Spitznamen «Biberius cassubiensis», was so viel bedeutete wie «kassubischer Saufaus». Für sich selbst wählten sie «Le Patron» (Friedrich August) und «Le Compatron» (Friedrich Wilhelm). Mit von der Partie waren außerdem Ernst Christoph von Manteuffel («Le Diable») und der kaiserliche Gesandte in Potsdam, Friedrich Heinrich Freiherr von Seckendorff («Germania»).

Den Anstoß zur Gründung der Gesellschaft gab die «Maschinentafel» im Chambre de Confidence Augusts des Starken.

Mit diesem Tisch hatte es eine ganz besondere Bewandtnis. Die Konstruktion des jüngeren Pöppelmann war des kurfürstlichen Königs ganzer Stolz. Wer außer ihm konnte sich rühmen, einen Tisch zu besitzen, der sich bei Bedarf versenken und mit Köstlichkeiten gedeckt wieder hervorzaubern ließ. So war man unabhängig von Dienern, blieb ungestört und ungehört beim heimlichen Stelldichein oder bei wichtigen Verhandlungen.

August der Starke war sehr zufrieden mit dem Verlauf des Besuches, als es zu einer kleinen Irritation kam. Friedrich, der sechzehnjährige Sohn des preußischen Königs, verguckte sich in Anna Orczelska. Die Affäre der beiden war heftig, aber nur von kurzer Dauer, denn Friedrich August hatte andere Pläne, schickte seine Tochter nach Warschau und beendete damit vorläufig die Liebschaft der Königskinder.

Am 30. April 1728 erlitt der König einen herben persönlichen und politischen Verlust. Auf einer diplomatischen Reise erlag in Wien sein langjähriger engster Vertrauter Jakob Heinrich von Flemming einem Schlaganfall. Um ihn in heimischer Erde bestatten zu können und die bei Grenzübertritt fälligen Zahlungen zu vermeiden, traf seine Familie eine makabre Entscheidung. Flemmings Leichnam wurde einbalsamiert und in einer Wäschekiste über die verschiedenen Grenzen auf sein Gut Putzkau bei Bautzen geschmuggelt, wo man ihn schließlich beisetzte. Ein Zeitgenosse ordnete das Geschehen richtig ein: «So hat der Mann, der in seinem Leben an so vielen und kostbaren Palästen nicht genug gehabt, sich nach seinem Tode als ein Stück Wäsche zusammenlegen und in einen Koffer packen lassen müssen. Die katholische Geistlichkeit zu Wien mag seines Begräbnisses wegen übermäßig viel gefordert haben. Es würde auch an allen Orten, durch die der Leichnam gegangen, viel verlangt worden sein, weil er wegen seines großen Reichtums berufen gewesen. Also haben ihn die Seinigen lieber so fortgeschafft.»[82] Flemming starb tatsächlich als schwerreicher Mann. Über Jahre hatte er die hohe Gunst seines Monarchen zu nutzen verstanden und seinen Wohlstand gemehrt, wo immer sich die Gelegenheit bot. Er besaß Rittergüter und Herrschaften in seiner Heimat Pommern, in Sachsen und in Polen und hatte zeitlebens überall einen fürstlichen Haushalt ganz nach dem Vorbild seines Monarchen geführt. Seine Familie erbte ein Vermögen von etwa 16 Millionen Talern.

Das schien Friedrich August dann doch zu viel. Er erklärte die Hälfte der Summe zu unrechtmäßig erworbenem Gut und ließ den Betrag an die sächsische Staatskasse zahlen. Zu Flemmings Nachfolger machte er seinen Schwiegersohn von Friesen. Eine Entscheidung, die er später bitter bereute. Friesen erfüllte die Erwartungen des Königs nicht und machte sich in dessen Augen der Veruntreuung und Intrigen schuldig.

Je besser er sich fühlte, umso fester war August der Starke entschlossen, im In- und Ausland seine Macht zu demonstrieren. Seine gesundheitliche Krise war überwunden, vergessen die Schrecken der Silvesternacht 1726. Auch wenn das Gehen noch immer schwerfiel, der König nahm an Gewicht zu und brachte es wieder auf stattliche 113 Kilo. Zu viel, fanden die Ärzte, und erregten mit Mahnungen zur Mäßigung nur den Unmut ihres Herrn.

Ende Mai 1728 stattete August der Starke in Begleitung des Kurprinzen, der Grafen Moritz von Sachsen und Rutowski sowie seiner Töchter Anna Orczelska und Maria Aurora Rutowska einen Gegenbesuch in Potsdam ab. Der preußische Kronprinz hatte seine Begeisterung für Anna nicht vergessen; die beiden trafen sich heimlich.

Als Anna Orczelska nach Dresden zurückkehrte, erwartete sie ein Kind. August der Starke, der sie gut verheiraten wollte, tobte. Nach mehreren Wutanfällen änderte der kurfürstliche König seine Strategie und ignorierte die Schwangerschaft. Vergeblich unternahm die unglückliche Anna mehrere Versuche, eine Fehlgeburt herbeizuführen. Am 5. Februar 1729 ging bei Hof das Gerücht um, dass die Lieblingstochter des Königs ein Kind geboren habe. Der französische Gesandte berichtete nach Paris: «Die Gräfin Orczelska [...] ist seit einigen Tagen Wöchnerin. Ich wage die Namen derer nicht auszusprechen, denen man eine Vaterschaft nachsagt [...].»[83] Der Hof hatte seinen Skandal, und die Höflinge taten das Ihre, um Öl in die Flammen zu gießen.

August der Starke war außer sich, hinter seinem Rücken zischten böse Zungen, dass er der Vater seines eigenen Enkels sei. Andere behaupteten, Anna habe ein Verhältnis mit ihrem Halbbruder gehabt, dem Grafen Rutowski, und dichteten ihm die Vaterschaft an. Weitere Namen wurden getuschelt, unter ihnen immer wieder und vor allen anderen der des preußischen Thronfolgers. Wäre er der Vater gewesen, hätte Anna Orczelska das Kind des späteren Friedrichs des Großen geboren. Da die junge Mutter sich jedoch in beharrliches Schweigen hüllte, lässt sich nicht mehr feststellen, was Wahrheit, was Erfindung ist, und so herrscht über die Vaterschaft bis heute keine Gewissheit. Die Geburt des Kindes – ein Knabe – wurde so geheim gehalten, dass wenig später alle davon ausgingen, es sei eine Totgeburt gewesen. Wieder war es der französische Gesandte, der mehr wusste und berichtete, dass der Säugling nach Frankfurt/Oder, das zu Preußen gehörte, gebracht wurde, um ihn dort aufziehen zu lassen. Dort verliert sich die Spur.[84]

Schon zuvor war August dem Starken ein Verhältnis mit seiner Lieblingstochter angedichtet worden. Seinerzeit hatte sich die Markgräfin von Bayreuth, Friederike Sophie Wilhelmine, die Schwester Friedrichs des Großen, mit übertriebenen Schilderungen hervorgetan: «Ich habe schon erwähnt, daß der König von Polen die Weiber sehr liebte. Er hielt sich ein wahres Serail. Seine Ausschweifungen sowohl in dieser Hinsicht, als auch im Trinken überstieg alle Begriffe, und man sagt, daß er von seinen Mätressen 354 Kinder gehabt haben soll. Seine damalige Mätresse oder wenigstens jene unter seinen Frauen, die er besonders auszeichnete, war seine eigene Tochter […].»[85] August der Starke hatte die Markgräfin 1709 gemeinsam mit dem dänischen und dem preußischen König in Berlin aus der Taufe gehoben. Als der kurfürstliche König 1727 Witwer wurde, schien es kurz, als könnte es eine Heirat zwischen dem Sachsen und der Preußin geben.

Ihr Vater und August der Starke verhandelten ernsthaft darüber, unter welchen Bedingungen die Hochzeit zustande kommen könnte. Vier Millionen Taler und ein Truppenkontingent wollte der Preußenkönig dem Bräutigam aus Sachsen zur Verfügung stellen. Ein durchaus verlockendes Angebot, befand Friedrich August und sagte als Gegenleistung die Lausitz als Pfand für zwanzig Jahre, freie Religionsausübung für die Braut und ein

Witwengeld von jährlich 200 000 Talern zu. Die knapp zwanzig-jährige Friederike sah August den Starken 1728 anlässlich seines Berlinbesuches und schrieb später: «Dieser zählte damals neun-undvierzig Jahre. Seine Liebeshändel waren weltberühmt; er besaß große Eigenschaften, doch wurden sie von seinen zahlrei-chen Fehlern verdunkelt. Eine zu große Vergnügungssucht ließ ihn das Wohl seines Staates und seiner Untertanen vernachläs-sigen, und seine Trinksucht verleitete ihn zu Unwürdigkeiten, deren er sich im trunkenen Zustand schuldig machte und die auf immer seinen Namen schädigen werden.» [86]

Friederike irrte, der kurfürstliche König war zu diesem Zeit-punkt bereits achtundfünfzig Jahre alt, doch das sollte keine Rolle mehr spielen, denn eine Hochzeit der beiden wurde nicht gefeiert. Friederike heiratete 1731 den Erbprinzen von Bayreuth.

Die Reform des sächsischen Heeres war noch nicht abgeschlos-sen. August Christoph von Wackerbarth bemühte sich nach Kräften, die durch Flemmings Tod entstandene Lücke zu füllen. Schon lange zuvor hatte er dafür plädiert, den Sold zu erhöhen, die Dienstzeit herabzusetzen und vor allem dafür zu sorgen, dass die Verpflichteten nach Ablauf der Wehrzeit wieder in ihr ziviles Leben zurückfanden und ihre Berufe wieder ausüben konnten. Mit einem Rekrutierungsmandat verschaffte der Kö-nig Wackerbarths Vorschlägen am 21. Juni 1729 eine rechtliche Grundlage.

Tatsächlich wurde es damit leichter, Soldaten zu werben, und Friedrich August tat den nächsten Schritt, indem er sich den Offizieren widmete. Hier galt es hart durchzugreifen. Einige Her-

Johann Georg Chevalier de Saxe
Einvernehmlich ließen die Eltern schon den sechsjährigen Johann Georg Chevalier de Saxe für den Malteser Ritterorden erziehen. 1718 schickte Friedrich August ihn auf Reisen. Hier zeigte sich, dass der Sohn jede Theo-rie verabscheute, leidenschaftlich tanzte und spielte und das Militär liebte. August der Starke machte ihn später zum Obersten der sächsischen Armee. Der verdienstvolle Offizier Chevalier de Saxe blieb unverheiratet und verbrachte die letzten Lebensjahre in Gesellschaft seiner Halbschwester Friederike Alexandra von Moszcynska. Er starb ein halbes Jahr vor seinem siebzigsten Geburtstag, am 25. Februar 1774.

Johann Georg Chevalier de Saxe. Gemälde von Louis de Silvestre, 1731

ren hatten sich angewöhnt, Soldlisten zu fälschen und auch auf allerlei andere Weise Gelder aus der Staatskasse in die eigenen Taschen abzuzweigen. Der König prüfte persönlich und gab sofort den Abschied, wenn Betrug ruchbar wurde. Über die Vergabe von freien Stellen entschieden nicht mehr wie bisher die Regimentskommandeure, vielmehr behielt sich Seine Majestät vor, einzusetzen und zu befördern, wen er für würdig und geeignet hielt. Personalakten wurden über die Offiziere angelegt. Friedrich August las sie regelmäßig und versah sie mit Randbemerkungen, die nicht immer schmeichelhaft für die Betroffenen waren.

Auf diese Weise verschaffte er sich einen Überblick, entfernte Schritt für Schritt Trinker, Spieler und Betrüger aus den Reihen der Offiziere und ersetzte sie durch fähigere Soldaten. Tatkräftige Unterstützung erhielt er von seinen Söhnen Johann Georg Chevalier de Saxe und Friedrich August von Rutowski.

Noch im selben Jahr erhielt das Heer neue Gefechtsvorschriften und ein strenges Reglement, nach dem ab jetzt zu exerzieren war. Teile der neuen Ordnung hatte August der Starke den Preußen abgeschaut, aber auch die Erfahrungen altgedienter Generäle wie Johann Matthias von der Schulenburg gingen in die Konzepte ein.

Beinahe zwei Jahre hatte der kurfürstliche König ohne nennenswerte Beschwerden gelebt. Hier und da ein entzündeter Zahn oder ein Zipperlein, Kleinigkeiten, denen er keine große Beachtung schenkte. Doch Anfang September machte ihm sein linker Fuß erneut sehr zu schaffen. Friedrich August hatte in Pillnitz zur Jagd geladen und konnte nur auf einem Stuhl sitzend daran teilnehmen. Als es ihm Ende des Jahres wieder besserging, feierte der ganze Hof ein rauschendes Fest anlässlich der königlichen Genesung. Kaum gesundet, widmete sich Friedrich August den Vorbereitungen für eine wichtige Feierlichkeit.

Am 18. Februar 1730 heiratete Friederike Alexandra von Cosel den polnischen Krongroßschatzmeister Johann Xantius Anton Graf von Mosczynski. August der Starke zelebrierte die Vermählung seiner Tochter mit Glanz und Gloria in Dresden. Höhepunkt der prunkvollen Hochzeit war der überraschende Besuch des preußischen Königs, der seinem sächsischen Freund damit eine große Ehre erwies. Friederike Alexandra gebar zwei Söhne, bevor sie schon 1737 Witwe wurde. Sie starb am 16. Dezember 1784 dreiundsiebzigjährig in Dresden.

Seit Monaten lief die Planung für ein Ereignis, mit dem August der Starke der Welt zeigen wollte, dass er seinen Beinamen zu Recht trug. Die Reform der sächsischen Armee war endlich abgeschlossen, und der kurfürstliche König wollte die Schlagkraft seiner Männer offiziell demonstrieren. Im Mai 1730 war es so weit, Friedrich August lud zum Zeithainer Lager.

In der Nähe von Zeithain, etwa vierzig Kilometer nordwestlich von Dresden, hatte er ein riesiges Militärlager errichten lassen. Rings um den Exerzierplatz standen prächtige Zelte und Pavillons aus Holz, in denen die Gäste beherbergt wurden. Am 23. Mai war die Armee vollständig. 30000 Soldaten, Kavallerie, Infanterie und Geschütze warteten auf ihren demonstrativen

Einsatz. Am 1. Juni begann das Manöver. Die gesamte Armee marschierte in zwei Treffen mit vierundzwanzig schweren und achtundvierzig Feldgeschützen und führte einen Parademarsch vor, zu dem eigens für die einzelnen Regimenter komponierte Märsche gespielt wurden.

Die Leibgarde präsentierte sich in gelb-roten, die Grenadier-regimenter in blau-roten, die Schweizer Garde in blauen und die einzelnen Infanterieregimenter in unterschiedlich farbigen Uni-formen. Alle trugen bunte Fahnen und gaben ihr Bestes, die Gäste zu beeindrucken. August der Starke hatte alles eingeladen, was Rang und Namen hatte, siebenundvierzig Herzöge und Fürsten, neunundsechzig Grafen, achtunddreißig Barone, beinahe alle Ge-sandten der europäischen Mächte, seine Töchter und Söhne und natürlich Friedrich Wilhelm I., der sich über die finanzielle Po-tenz und Großzügigkeit wunderte, mit der August der Starke das Manöver veranstaltete. Der Sachse erklärte ihm sein Konzept: *Wenn Ew. Majestät einen Dukaten einnehmen, so legen sie ihn zu seinem Schatz, ich aber gebe ihn aus, so kehrt er dreimal zu mir zurück.*[87]

Der Preuße war der Einladung zum Manöver mit einem Stab von 150 Offizieren gefolgt und staunte über das Heer, das sein Bündnispartner präsentierte. Binnen kurzem war aus einem ver-wahrlosten Haufen eine schlagkräftige Truppe geworden, die sich von ihrer besten Seite zeigte. An der Spitze ihrer Regimen-ter des Königs Söhne Friedrich August Graf von Rutowski und Johann Georg Chevalier de Saxe, für den das Zeithainer Lager zu einem der Höhepunkte seiner Karriere wurde.

Rutowski war kaum ein Jahr zuvor aus preußischen Diens-ten nach Sachsen zurückgekehrt und hatte das Gelernte in der

Friedrich August von Rutowski
Seine Kindheit verbrachte Friedrich August von Rutowski mit Schwester, Mutter und deren Mann in Lemberg, bis ihn Friedrich August I. zur mili-tärischen Ausbildung zunächst nach Paris und später nach Turin schickte. 1727 ließ er ihn in sächsische Dienste treten und machte ihn zum Gene-ralmajor der Kavallerie. 1728 trat Rutowski auf Wunsch seines Vaters in preußische Dienste. Ein Jahr später kehrte er zurück und half bei der Vor-bereitung des Zeithainer Lagers. In den folgenden Jahren nahm er an ver-schiedenen Feldzügen teil und avancierte zum Kommandanten der Garde du Corps. Rutowski starb zweiundsechzigjährig 1764 auf Schloss Pillnitz.

Heimat so tüchtig umgesetzt, dass Friedrich Wilhelm nach einer Parade halb im Scherz und halb wirklich empört ausrief: «Die Canaille hat uns alles gestohlen!»[88]

Täglich wurden warme Speisen serviert. Für die prunkvollen Tafeln hatte August der Starke das gesamte Hofsilber aus Dresden heranschaffen lassen. Abends wurde das Lager zum Festplatz, mit Sängerinnen aus Italien und Schauspielern aus Frankreich – der kurfürstliche König verstand es, seine Gäste zu amüsieren.

Beeindruckt betrachteten sie ein fünfstündiges Feuerwerk, das in den Nachthimmel geschossen wurde. Am 26. Juni fand das Spektakel ein fulminantes Ende. Für alle Gäste und Soldaten war ein riesiger Dresdner Stollen gebacken worden. Ein mächtiges Pferdegespann zog das über acht Meter lange Wunderwerk aus Teig auf den Festplatz, 170 Ochsen brieten an Spießen, Bier und Wein flossen in Strömen.

Als Friedrich Wilhelm I. am nächsten Tag abreiste, war er sicher, in August dem Starken einen wahren Freund gefunden zu haben. Umso größer die Enttäuschung, als sich im folgenden Jahr herausstellte, dass der Sachse nicht verlässlich war. Kaum zwölf Monate später tat Friedrich August einen Schritt, der den preußischen König menschlich enttäuschte und politisch verärgerte: Am 31. August 1731 schloss der kurfürstliche König einen auf drei Jahre befristeten Pakt mit Hannover. Das Bündnis verpflichtete zu gegenseitigem Beistand. Friedrich Wilhelm I. empfand die Allianz als Schlag ins Gesicht und schrieb aufgebracht an Leopold von Anhalt-Dessau: «Was Euer Lieben sagen von die saxen, da haben sie groß recht, ich bin die düppe [der Betrogene] von seine freundtschaft geweßen, ich habe mir eingebildet das er so rehdlich wehr als ich, anfein [kurz gesagt] es ist geschehen, wollte Gott Flemming wer noch herr, so wer dieses alles nit geschehen […] der Patron stellet sich an, als wen er es mit mir erl [ich] meinet einmahll hat er mir Düpieret, zum ander mahll bekommet er mir wieder nit.»[89]

Die Fronten zwischen Sachsen und Preußen verhärteten sich wieder, aber beide Regenten vermieden den offenen Konflikt, wollten keine überflüssigen Auseinandersetzungen. Stattdessen setzte Friedrich August alles daran, in Sachsen und Polen geordnete Verhältnisse als fruchtbare Basis für seinen Thronfolger zu schaffen.

Die Phasen, in denen es dem kurfürstlichen König gutging, wurden kürzer. Immer wieder litt er unter Schwäche, Schmerzen und Fieberschüben.

Am 18. August 1732 beendete August der Starke in Czerniachów sein letztes großes Militärmanöver. Die dreiwöchige Demonstration seiner Armee kostete ihn viel Kraft. Schwärende Wunden an den Beinen zwangen ihn, die Paraden sitzend abzunehmen, dennoch fuhr er im Oktober nach Dresden, besuchte den Königstein, feierte in Moritzburg ein ausschweifendes Hubertusfest, reiste im Winter zur Leipziger Neujahrsmesse und genoss ein letztes Mal den Karneval in der Residenz. Friedrich Wilhelm von Preußen schrieb daraufhin, der König sei «so wohl und gesund wie ein junger Adler»[90]. Der Schein trog.

Nerven- und Nierenschmerzen quälten August II. beinahe täglich, die gefürchteten Ohnmachten traten immer häufiger auf und mündeten meist in länger anhaltenden Dämmerzuständen. Im Dezember 1732 war es erneut der linke Fuß, der Anlass zu höchster Besorgnis gab. Die alte Wunde war aufgebrochen, und die Zeiten der Besinnungslosigkeit dauerten jetzt manchmal so lange, dass die Ärzte mehrmals befürchteten, der Regent könnte nicht mehr aus ihnen erwachen.

Am 10. Januar 1733 trat eine leichte Besserung ein. Gegen alle Ratschläge beschloss August der Starke, nach Polen zu reisen. Es heißt, er habe gesagt: *Ich fühle die mir drohende Gefahr, doch bin ich verpflichtet, mehr Bedacht zu nehmen auf meine Völker als auf meine Person.*[91]

Am 11. Januar unterbrach er die Kutschfahrt in Krossen, um sich mit Friedrich Wilhelm von Grumbkow zu treffen. Angeblich brachte der preußische Minister Nachrichten von seinem König, in Wirklichkeit war er aber geschickt worden, August den Starken über seine Beziehungen zu Frankreich und Österreich auszuhorchen.

Gumbkow protokollierte den Besuch: «Ich half ihm aussteigen, und er sagte zunächst zu mir: Wie befindet sich der König? Dann betraten wir sein Zimmer. Er war so schlecht zu Fuß, daß

Porträtmedaillon Augusts des Starken. Kartusche aus dem Kabinettstück «Obeliscus Augustalis». Emailmalerei von Georg Friedrich Dinglinger, 1720. Fassung von Johann Melchior Dinglinger, vor 1722

er auf mich fiel. Ohne einen Schrank, an den ich mich hielt, wären wir beide hingefallen.»[92] Gegen Abend fühlte sich August der Starke besser und begab sich mit seinem Gastgeber zu Tisch. «[...] ich ließ immer zwei Gänge nach dem Geschmack des Patrons auftragen. So viel [meinte er] habe er, solange er in Dresden sei, nicht gegessen. Er blieb sechs Stunden bei Tisch. Anderthalb Stunden hielt er an sich, darauf fragte er, ob ich Champagner hätte, und wurde dann vergnügt.»[93]

Friedrich Heinrich von Seckendorff berichtete über den Besuch: «Bey diesem Zusammenritt zechten Grumbkow und sein königlicher Freund über-, oder vielmehr untermenschlich, theils aus Geschmack, theils aus politischen Gründen, um einander ihre Geheimnisse abzulocken. Jeder glaubte den anderen zu überlisten; aber keiner erreichte seinen Zweck ganz, und Grumbkow kam nach Berlin zurück, ohne etwas bestimmtes über die Denkart des Königs zu wissen.» [94]

Die Reise bekam dem König nicht. Als er am 16. Januar 1733 in Warschau eintraf, ging es ihm schlechter denn je. Leibarzt Heucher, der ihn begleitete, hatte zwischendurch ernsthaft befürchtet, Seine Majestät könnte sterben, bevor die Reisegesellschaft in der polnischen Residenz eintraf. Als die Kutsche vor dem Schloss hielt, musste der König aus einer tiefen Ohnmacht geweckt werden, war verwirrt und so geschwächt, dass er nicht allein gehen konnte. Man brachte ihn zu Bett, und ein paar Tage später schien er sich erholt zu haben. Am 21. Januar ließ August der Starke Carl Friedrich Pöppelmann zu sich kommen und beriet sich mit ihm über Entwürfe, nach denen er in Warschau bauen lassen wollte. Es war ein letztes Aufbäumen, und mit dem folgenden Tag begann das Ende.

Friedrich August I., Kurfürst von Sachsen, August II., König von Polen, war jetzt nur noch stundenweise bei Bewusstsein und dämmerte auch dann teilnahmslos vor sich hin.

Am 1. Februar um vier Uhr morgens richtete er sich ein letztes Mal auf, sank zurück in die Kissen, bedeckte die Augen mit der Hand und starb. Sein Körper wurde einbalsamiert, einen Tag im Schloss und zwei Tage im Chor der Kapuzinerkirche aufgebahrt. Am 11. Februar wurde der Leichnam nach Krakau überführt. Die Gruft musste erst hergerichtet, das feierliche Begräbnis vorbereitet werden. So blieb der Sarg einstweilen in der Florianskirche am Jana-Matejki-Platz.

Erst am 15. Januar 1734 fand August der Starke in der Königsgruft der Wawelkathedrale seine letzte Ruhe. Das Herz des kurfürstlichen Königs wurde in einer Silberkapsel in die Katholische Hofkirche zu Dresden gebracht.

ANMERKUNGEN

1 StaD, Loc. 2097, Nr. 37
2 Förster, Friedrich Christoph: Friedrich August II., König von Polen und Kurfürst von Sachsen, Potsdam 1839, S. 1
3 Czok, Karl: August der Starke und Kursachsen, Leipzig 1987, S. 11
4 StaD, Loc. 2097, Nr. 37
5 Piltz, Georg: August der Starke. Träume und Taten eines deutschen Fürsten, Berlin 1986, S. 16
6 StaD, Loc. 2097, Nr. 37
7 StaD, Loc. 10291 (921)
8 Ebenda
9 Haake, Paul: August der Starke, Berlin / Leipzig 1927, S. 14
10 Ebenda, S. 37
11 Piltz, Georg: August der Starke. Träume und Taten eines deutschen Fürsten, Berlin 1986, S. 27
12 StaD, Loc. 2097, Nr. 37
13 Nadolski, Dieter: Die Ehetragödie Augusts des Starken, Taucha 1996, S. 15 f.
14 Ebenda, S. 28
15 Fellmann, Walter: Mätressen, Leipzig 1994, S. 16
16 Haake, Paul: August der Starke, Berlin / Leipzig 1927, S. 37
17 Schreiber, Hermann: August der Starke, München 1995, S. 59 f.
18 Ebenda, S. 83
19 Süßenguth, Mario: Der kulinarische König, München / Berlin 2002, S. 98
20 Schreiber, Hermann: August der Starke, München 1995, S. 155
21 StaD, Loc. 1206, fol. 28
22 Schreiber, Hermann: August der Starke, München 1995, S. 86
23 Vogel, Dagmar: Die Kinder Augusts des Starken, Taucha 1994, S. 11
24 StaD, Loc. 2097
25 Ebenda
26 Ebenda
27 Ebenda
28 Ebenda
29 Schreiber, Hermann: August der Starke, München 1995, S. 97
30 Piltz, Georg: August der Starke. Träume und Taten eines deutschen Fürsten, Berlin 1986, S. 58
31 Codex Augusteus I, S. 346
32 Ebenda, S. 11 f.
33 Schreiber, Hermann: August der Starke, München 1995, S. 148
34 Nadolski, Dieter: Die Ehetragödie Augusts des Starken, Taucha 1996, S. 44
35 Schreiber, Hermann: August der Starke, München 1995, S. 120
36 Wagner, Georg: Die Beziehung Augusts des Starken zu seinen Ständen, Diss., Leipzig 1903, S. 162 f.
37 Piltz, Georg: August der Starke. Träume und Taten eines deutschen Fürsten, Berlin 1986, S. 80
38 Held, Wieland: Der Adel und August der Starke, Köln 1999, S. 113
39 Förster, Friedrich Christoph: Friedrich August II., König von Polen und Kurfürst von Sachsen, Potsdam 1839, S. 166 f.
40 Fellmann, Walter: Mätressen, Leipzig 1994, S. 60
41 Haake, Paul: Christiane Eberhardine und August der Starke. Eine Ehetragödie, Dresden 1930, S. 121
42 Schreiber, Hermann: August der Starke, München 1995, S. 206
43 Ebenda
44 StaD, Loc. 2097
45 Piltz, Georg: August der Starke, Träume und Taten eines deutschen Fürsten, Berlin 1986, S. 133
46 Ebenda
47 Süßenguth, Mario: Der kulinarische König, München / Berlin 2002, S. 141
48 Piltz, Georg: August der Starke, Träume und Taten eines deutschen Fürsten, Berlin 1986, S. 140
49 Haake, Paul: August der Starke im Urteil seiner Zeit, Dresden 1922, S. 34 f.

50 Piltz, Georg: August der Starke,
Träume und Taten eines deutschen
Fürsten, Berlin 1986, S. 275

51 StaD, Loc. 3670

52 Süßenguth, Mario: Der kulinarische König, München / Berlin
2002, S. 83

53 Piltz, Georg: August der Starke.
Träume und Taten eines deutschen
Fürsten, Berlin 1986, S. 157

54 Ebenda, S. 330

55 Ebenda, S. 163

56 Ebenda, S. 186

57 Schreiber, Hermann: August der
Starke, München 1995, S. 212

58 Vogel, Dagmar: Die Kinder Augusts des Starken, Taucha 1994,
S. 23

59 Süßenguth, Mario: Der kulinarische König, München / Berlin
2002, S. 18

60 Ebenda, S. 41

61 Ebenda

62 Ebenda, S. 94

63 Piltz, Georg: August der Starke.
Träume und Taten eines deutschen
Fürsten, Berlin 1986, S. 344

64 Ebenda, S. 326

65 Ebenda, S. 313

66 Vogel, Dagmar: Die Kinder Augusts des Starken, Taucha 1994,
S. 27

67 Gerber, Christian: Die unerkannten Wohltaten Gottes in dem
Churfürstentum Sachsen, Dresden / Leipzig 1717, Bd. 2, S. 398

68 Piltz, Georg: August der Starke.
Träume und Taten eines deutschen
Fürsten, Berlin 1986, S. 263

69 Weber, Ingrid S.: Planetenfeste
August des Starken, München 1985,
S. 6

70 Piltz, Georg: August der Starke.
Träume und Taten eines deutschen
Fürsten, Berlin 1986, S. 222

71 Vogel, Dagmar: Die Kinder Augusts des Starken, Taucha 1994,
S. 110

72 Piltz, Georg: August der Starke.
Träume und Taten eines deutschen
Fürsten, Berlin 1986, S. 316

73 Vogel, Dagmar: Die Kinder Augusts des Starken, Taucha 1994,
S. 135

74 Vogel, Dagmar: Vorkommnisse
am Augusteischen Hof, Taucha
1994, S. 40

75 Nadolski, Dieter: Wahre Geschichten um August den Starken,
Taucha 2000, S. 47

76 Czok, Karl: August der Starke
und Kursachsen, Leipzig 1987,
S. 268

77 Piltz, Georg: August der Starke.
Träume und Taten eines deutschen
Fürsten, Berlin 1986, S. 375

78 Vogel, Dagmar: Die Kinder Augusts des Starken, Taucha 1994,
S. 114

79 Ebenda

80 Süßenguth, Mario: Der kulinarische König, München / Berlin
2002, S. 85

81 Kathe, Heinz: Der «Soldatenkönig» Friedrich Wilhelm I., Berlin
1978, S. 108

82 Piltz, Georg: August der Starke.
Träume und Taten eines deutschen
Fürsten, Berlin 1986, S. 363

83 Vogel, Dagmar: Die Kinder Augusts des Starken, Taucha 1994,
S. 121

84 Ebenda, S. 122

85 Schreiber, Hermann: August der
Starke, München 1995, S. 243

86 Wilhelmine Friederike Sophie,
Markgräfin von Brandenburg-
Bayreuth, Frankfurt am Main 1981,
S. 92

87 Löffler, Fritz: Der Zwinger in
Dresden, Leipzig 1976, S. 15

88 Schreiber, Hermann: August
der Starke, München 1995,
S. 151

89 Piltz, Georg: August der Starke.
Träume und Taten eines deutschen
Fürsten, Berlin 1986, S. 370

90 Beschorner, Hans: Augusts des
Starken Leiden und Sterben.
In: Neues Archiv für Sächsische
Geschichte, Bd. 58, Dresden 1937,
S. 73

91 Piltz, Georg: August der Starke. Träume und Taten eines deutschen Fürsten, Berlin 1986, S. 377
92 Ebenda
93 Ebenda

94 Beschorner, Hans: Augusts des Starken Leiden und Sterben. In: Neues Archiv für Sächsische Geschichte, Bd. 58, Dresden 1937, S. 73 f.

ZEITTAFEL

1666 Anna Sophie von Dänemark und Johann Georg III. heiraten

1668 18. Oktober: Geburt von Johann Georg, später Johann Georg IV., Kurfürst von Sachsen

1670 12. Mai: Geburt von Friedrich August

1671 19. Dezember: Geburt von Christiane Eberhardine von Brandenburg-Bayreuth

1687–1689 Kavalierstour von Friedrich August

1689–1697 Pfälzischer Erbfolgekrieg

1691 12. September: Johann Georg III. stirbt – Johann Georg IV. wird Kurfürst von Sachsen

1693 20. Januar: Hochzeit von Friedrich August und Christiane Eberhardine von Brandenburg-Bayreuth

1694 27. April: Johann Georg IV. stirbt an den Pocken – Friedrich August I. wird Kurfürst von Sachsen

1695/96 Friedrich August ist Oberbefehlshaber des Reichsheeres im Türkenkrieg

1696 17. Juni: Jan III. Sobieski, König von Polen, stirbt – 17. Oktober: Geburt des Kurprinzen Friedrich August – 28. Oktober: Geburt von Moritz von Sachsen

1697 April: Regierungsantritt Karls XII. von Schweden – 2. Juni: Friedrich August I. tritt zum katholischen Glauben über – 27. Juni: Friedrich August I. wird zum König von Polen gewählt – 15. September: Friedrich August wird als August II. in Krakau zum König von Polen gekrönt

1698 15. Januar: Friedrich August I. zieht als August II., König von Polen, in Warschau ein – 10. August: Treffen Peters I. und Augusts II. in Rawa

1699 Bündnis Russlands, Dänemarks und Sachsens gegen Schweden

1700 Februar: Einmarsch der sächsischen Armee in Livland – Beginn des Nordischen Krieges – 11. März: Dänemark erklärt Schweden den Krieg – 18. August: Frieden von Travendal – 19. August: Russland erklärt Schweden den Krieg – 20. November: Schwere Niederlage der russischen Armee bei Narwa

1701 19. Juli: Niederlage der sächsischen Armee in der Schlacht an der Düna

1702 14. Mai: Das schwedische Heer nimmt Warschau ein – 19. Juni: Geburt von Friedrich August von Spiegel, später Graf von Rutowski – 9. Juli: Schwere Niederlage der Sachsen gegen die Schweden bei Klissow

1703 Einführung der Generalkonsumtionsakzise in Sachsen

1704 12. Juli: Wahl des Gegenkönigs Stanislaus Leszczynski – 21. August: Geburt von Sohn Johann Georg Chevalier de Saxe

1705 4. Oktober: Krönung von Stanislaus Leszczynski

1706 3. Februar: Vernichtende Niederlage der sächsischen Armee bei Fraustadt – Juni: Errichtung des Geheimen Kabinetts – 27. August: Einmarsch der Schweden in Sachsen – 24. September: Frieden von Altranstädt – 29. Oktober: Sieg der Russen und Sachsen bei Kalisch – Geburt von Tochter Maria Aurora von Spiegel, später Gräfin Rutowska

1707 Die Schweden verlassen Sachsen – 23. November: Geburt von Tochter Anna Cathérina Francose, später Gräfin Orczelska

1708 24. Februar: Geburt von Tochter Augusta Constantia von Cosel

1709 März: Johann Friedrich Böttger meldet die Erfindung des Porzellans an – Juni: Besuch des

143

dänischen Königs Frederik IV. in Dresden – 8. Juli: Niederlage der Schweden bei Poltawa, Karl XII. flieht in die Türkei – 24. Oktober: Geburt von Tochter Friederike Alexandra von Cosel

1710 April: Ratstagung in Warschau – 16. April: August II. wird wieder in seine königlichen Rechte eingesetzt

1711 17. April: Kaiser Joseph I. stirbt – Friedrich August I. wird nach dem Tod des Kaisers Reichsvikar

1712 17. Oktober: Geburt von Sohn Friedrich August von Cosel – 27. November: Übertritt des Kurprinzen Friedrich August zum Katholizismus

1713 Regierungsantritt von Friedrich Wilhelm I.

1714 Karl XII. kehrt aus der Türkei zurück

1715 Beginn des antisächsischen Aufstands in Polen

1716 April: Treffen Peters I. und Augusts II. in Danzig – 4. November: Frieden von Warschau

1717 1. Juli: Anna Sophie von Dänemark stirbt

1718 11. Dezember: Karl XII. fällt in Norwegen, seine Schwester

Ulrike Eleonore übernimmt den schwedischen Thron

1719 September: Kurprinz Friedrich August heiratet Maria Josepha von Habsburg

1721 10. September: Frieden von Nystädt, Ende des Nordischen Krieges

1724 7. Dezember: Thorner Blutgericht

1725 8. Februar: Peter I. stirbt

1726 22./23. Mai: Antikatholischer Aufstand in Dresden

1727 5. September: Christiane Eberhardine stirbt

1728 10. Januar: Bündnis zwischen Preußen und Sachsen – Staatsbesuch Friedrich Wilhelms I. in Dresden – 30. April: Jakob Heinrich von Flemming stirbt auf einer diplomatischen Reise

1730 Juni: Großes Manöver im Lager von Zeithain

1732 Verschlechterung des Gesundheitszustands von Friedrich August I.

1733 1. Februar: Friedrich August stirbt in Warschau, sein Sohn tritt in Sachsen und Polen die Nachfolge an

1734 15. Januar: Beisetzung Augusts II. in Krakau

Stammbaum

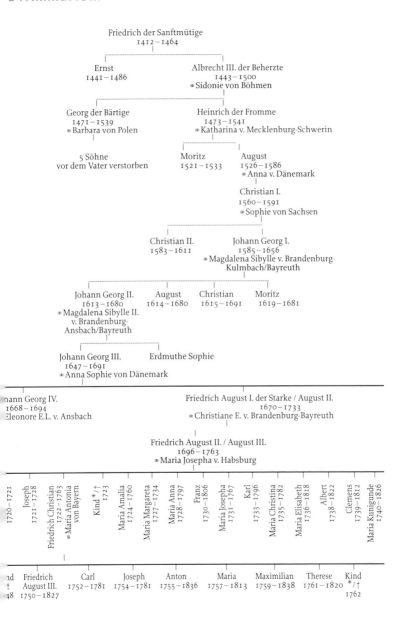

MÄTRESSEN UND UNEHELICHE KINDER AUGUSTS

Unzählige Geliebte und über 300 Kinder werden August dem Starken nachgesagt. Acht Töchter und Söhne legitimierte der königliche Kurfürst im Lauf seines Lebens und blieb einigen seiner Mätressen auch über die Dauer der jeweiligen Liaison hinaus verbunden. Wie lange die einzelnen Verhältnisse währten, lässt sich heute nicht mehr exakt bestimmen. Die folgenden Angaben basieren auf den in Quellen und Sekundärliteratur überwiegend angegebenen Daten.

1694   Sophie von Kessel
1694–1696   Maria Aurora Gräfin von Königsmarck, sie gebar 1696 Sohn Moritz von Sachsen
1696–1699   Maximiliane Hiserle von Chodau Gräfin Esterle
1698–1704   Ursula Catherina Lubomirska Reichsfürstin von Teschen, die 1704 Sohn Johan Georg Chevalier de Saxe zur Welt brachte
1701–1706   Fatima von Spiegel, sie schenkte August dem Starken 1702 Sohn Friedrich August Rutowski und 1706 Tochter Maria Aurora Rutowska
1704–1713   Anna Constantia von Cosel. 1707 erlitt sie eine Totgeburt und bekam 1708 Tochter Augusta Constantia, 1709 Tochter Friederike Alexandra und 1712 Sohn Friedrich August von Cosel
1707   Henriette Duval, die Ende 1707 von Tochter Anna Cathérina spätere Gräfin Orczelska entbunden wurde
1708   Angélique Duparc
1713–1719   Maria Magdalena Gräfin Dönhoff
1720–1721   Erdmuthe Sofia von Dieskau
ca. 1721   Henriette von Osterhausen

ZEUGNISSE

Paul Haake

Der König ist ein gut aussehender Fürst, der zu gefallen versteht und die Herzen jener gewinnt, die ihn sehen. Er ist kräftig, gesund geartet, und wenn er sich nicht allzu viel zumuten würde, so könnte er auch ein hohes Alter erreichen. Er ist im Grund ein Melancholiker, daher seine vielen Pläne, seine zahlreichen Luftschlösser und der Umstand, daß er auf ihn zukommende Gefahren oft übertreibt. [...] Er ist überzeugt, daß niemand, den er ernsthaft für sich zu gewinnen wünschte, ihm widerstehen könnte, und eben darum wird er nur von unehrlichen Menschen getäuscht. [...] Sein Wissen ist erstaunlich umfassend und er hat zeitlebens viel Energie darauf verwendet, die Ansätze seiner Jugend in späteren Studien zu vervollständigen. Sein Verhältnis zum Geld ist oft missdeutet worden. An sich bedeutete es ihm wenig, er brauchte es nur als Mittel zum Zweck und zur Erreichung seiner Ziele, und eben darum sind ihm alle Mittel recht und alle Menschen angenehm.
August der Starke im Urteil seiner Zeit, Dresden 1922, S. 19 f.

Jakob Heinrich von Flemming

Genußsucht und Ehrgeiz sind seine beiden Haupteigenschaften, aber die Genußsucht überwiegt. Sehr oft ist sein Ehrgeiz von seiner Genußsucht gehemmt, worden, aber nie ist das Umgekehrte eingetreten.
Zit. bei Mario Süßenguth: Der kulinarische König, München / Berlin 2002, S. 10

Voltaire

Friedrich August, Kurfürst von Sachsen, [...] war ein Herrscher, der weniger durch seine unglaublichen Körperkräfte als durch Mut und Galanterie bekannt war. Sein Hof war der brillanteste in Europa, nach demjenigen von Ludwig XIV. Nie war ein Fürst großzügiger, nie gab einer mehr aus, und zu allen anderen Talenten hatte er auch noch Grazie.
Histoire de Charles XII., Roi de Suède, Leipzig 1836, S. 10

Unbekannter Autor

Alles Gute am Hof hat ihn zum Alleinigen Urheber. Sein Rat ist stets der tauglichste, seine Entschlüsse sind aufs beste gefaßt, und die Ausführung seiner Pläne basiert auf vernünftigen und einwandfreien Gründen. Niemals wartet er auf die Hilfe anderer, um eine Angelegenheit zur Ausführung zu bringen, sondern ersinnt selbst die dazugehörigen Mittel [...].
Zit. bei R. Pekrun: Hof und Politik Augusts des Starken im Lichte des Portrait de la Cour de Pologne, Friedland in Mecklenburg 1914 / 1915, S. 23

Johann Michael von Loen

Er hat ein königliches Wesen. Er ist tapfer, großmütig, angenehm, gefällig und der liebenswürdigste Fürst von der Welt. Ich scheine hier dem König zu schmeicheln. Ich will mich mit seinen Fehlern rechtfertigen. Er hat seine Religion verändert, er ist den Wollüsten ergeben, er übertritt das sechste Gebot ohne einmal Böses zu denken. [...] August hat gemeine Fehler und ungemeine Tugenden. [...] Ich unterwinde mich nicht, seine Liebeshändel zu rechtfertigen; dergleichen Ausschweifungen laufen deutlich wider die Grenzen unseres Glaubens, welcher auf ein keusches und unschuldiges Leben dringet. [...] darinnen aber ist der König zu oben, daß er nicht, als es ehemals der Churfürst sein Bruder wegen der Neitschin getan, seiner Gemahlin der Königin übel begegnet, ja daß er nicht einmal derselben etwas von seiner Hochachtung und Ehrerbietung entziehet.

Zit. bei Paul Haake: August der Starke im Urteil seiner Zeit, Dresden 1922, S. 17f.

Friederike Sophie Wilhelmine Markgräfin von Bayreuth

Der Hof dieses Fürsten war damals der glänzendste in Deutschland. Die Pracht grenzte an das Übertriebene, alle Vergnügen herrschten dort. [...] Man atmete dort nur Wollust, und Bacchus und Venus waren die beiden Modegottheiten.

Zit. bei A. v. d. Linden: Memoiren der Markgräfin von Baireuth, Berlin 1908, Bd. 1, S. 72f.

Jean Louis Sponsel

Es gibt nur wenige Herrscher Sachsens, die in gleichem Maße wie August der Starke bei den nachlebenden Geschlechtern einer im Laufe der letzten Jahrzehnte noch wachsenden Volkstümlichkeit teilhaftig geworden sind, einer Volkstümlichkeit, die in keiner Weise Abbruch erleidet durch die Kenntnis der politischen und wirtschaftlichen Schwächen seiner Regierung, der verschwenderischen Pracht und der leichten Sitten seines Hoflebens.

Kabinettsstücke der Meißner Porzellan-Manufaktur von Johann Joachim Kändler, Dresden o. J., S. 3

Friedrich Wilhelm I.

August ist ein guter braver Herr, der an allem Schlimmen keine Schuld hat.

Zit. bei Otto Krauske: Acta Borussia. Die Briefe König Friedrich Wilhelms an den Fürsten Leopold zu Anhalt-Dessau, Berlin 1905, S. 390

Karl Lamprecht

Friedrich August war in der Reihe der vielen begabten Mitglieder des Hauses Wettin eines der begabtesten; aus den schwierigen diplomatischen Lagen hat er sich herauszuwinden gewußt; in Finanzkünsten überragte er wohl alle fürstlichen Zeitgenossen; wo es seine sonstigen Neigungen zuließen, war er auch ein fürsorglicher und vorwärtsschauender Verwalter des Landes. Aber neben den Lichtseiten, welche Schatten! Ein von jeglicher Manneskraft getragener Kavalier hatte der Fürst an der Frauenwelt früh jene skrupellose Behandlung von Recht und Sitte von Treu und Glauben gelernt, die seine spätere Politik brandmarkte; und frei von religiösen Bedenken und frommen Stimmungen fern, hat er die Religion seiner Väter im Grunde nicht einmal abschwören brauchen, als er einer Flitterkrone halber katholisch wurde.

Paul Haake: August der Starke im Urteil seiner Zeit, Dresden, 1922, S. 106

Volksmund

Starker August, steig hernieder
Und regier die Sachsen wieder.
Lass in diesen schweren Zeiten
Lieber Erich oben reiten!

Volksmund zu DDR-Zeiten über das Dresdner Denkmal «Der Goldene Reiter»

Bibliographie

Sigle

STaD Staatsarchiv Dresden

Archivalien

STaD, OU, 14 624
STaD, Hofjournal 1694, Oberhofmarschallamt O IV, Nr. 72
STaD, Oberhofmarschallamt, O IV, Nr. 73
STaD, Loc. 959, Vol. III
STaD, Hofjournal 1705, Oberhofmarschallamt O IV, Nr. 83
STaD, Loc. 355, Vol. II
STaD, Loc. 30 337
STaD, Loc. 3053
STaD, Loc. 377
STaD, Loc. 30 537
STaD, Loc. 2090, Briefwechsel König Augusts II., Nr. 40
STaD, Loc. 2097, Nr. 26
STaD, Loc. 2097, Nr. 33
STaD, Loc. 2097, Nr. 37
STaD, Loc. 2097, Nr. 50
STaD, Loc. 2097, Nr. 51
STaD, Loc. 4447
STaD, Loc. 762
STaD, Oberhofmarschallamt V B, Nr. 20a
STaD, Loc. 1056
STaD, Loc. 1206
STaD, Loc. 2053
STaD, Loc. 2274, Oberlausitzer Landtäge btr. 1700 / 1704
STaD, Loc. 3541, Acta den zwischen Ihr. Kgl. Majestät in Polen und der Cron Schweden zu Alt-Ranstädt geschlossenen Frieden betr. Ao. 1706
STaD, Loc. 3670
STaD, Loc. 3687, Des General-Majors von Flemming Berechnung derer bey der Wahl Ihr. Königl. Majt. Herrn Augusti II. zum König in Pohlen aufgegangenen Gelder ao. 1697
STaD, Loc. 5320

STaD, Loc. 7335, Allerhand Memoralia, Bericht und hierauf erfolgte Resolutiones in Kammersachen 1694 – 1697
STaD, Loc. 7350, Schriften und Belege, die von dem Generalmajor Grafen Löwenhaupt und dem Kriegskommissar Nierdt meist in polnischen Angelegenheiten bewirkte Zahlungen betr. 1697 ff.
STaD, Loc. 7853, Genealogica Wolfframsdorff
STaD, Loc. 8251, Expedition des Geh. Rath Bosens an den kaiserlichen Hof a. 1700
StaD, Loc. 10 291 (921)
Codex Augusteus

Bibliographien

Czok, Karl: Der Adel in Kursachsen und August der Starke. In: Rudolf Endres (Hg.): Adel in der Frühneuzeit. Ein regionaler Vergleich, Köln / Wien 1991
Gall, Lothar: Von der ständischen zur bürgerlichen Gesellschaft. Enzyklopädie deutscher Geschichte, Bd. 25, München 1993
Gerber, Christian: Die unerkannten Wohltaten Gottes In dem Churfürstentum Sachsen, 2 Bde., Dresden / Leipzig 1717
Haake, Paul: Der Besuch des preußischen Soldatenkönigs in Dresden 1728. In: Forschungen zur Brandenburgischen und Preußischen Geschichte, 47, 1, 1934
Wagner, Georg: Die Beziehung Augusts des Starken zu seinen Ständen, Diss., Leipzig 1903

Briefe

Carlson, Ernst (Hg.): Die eigenhändigen Briefe König Karls XII., Berlin 1894
Holland, Wilhelm Ludwig (Hg.): Briefe der Herzogin Elisabeth Char-

lotte von Orléans, 6 Bde., Stuttgart 1867–1879

Krauske, Otto: Acta Borussia. Die Briefe König Friedrich Wilhelms I. an den Fürsten Leopold zu Anhalt-Dessau, Berlin 1905

Lebenszeugnisse

Aschenborn, P.D.: Memoiren der Gräfin Aurora von Königsmark, Berlin 1914

Czok, Karl: August der Starke und Kursachsen, Leipzig 1987

–: Am Hofe Augusts des Starken, Leipzig 1989

–: August der Starke und seine Zeit, Leipzig 1989

Döring, Bruno Alfred: Matthäus Daniel Pöppelmann, Dresden 1930

Düsterwald, Erich: Moritz von Sachsen, Marschall von Frankreich, Sankt Augustin 1972

Erdmann, Yella: Der livländische Staatsmann Johann Reinhold von Patkul, Berlin 1970

Findeisen, Jörg-Peter: Karl XII. von Schweden. Ein König, der zum Mythos wurde, Berlin 1992

Haake, Paul: Generalfeldmarschall Hans Adam von Schöning, Berlin 1910

–: Jacob Heinrich Graf von Flemming. In: Sächsische Lebensbilder, 2 Bde., Leipzig 1938

Haintz, Otto: König Karl XII. von Schweden, 3 Bde., Berlin 1958

Haxthausen, Georg Ludwig: Memoiren. In: Eduard Vehse, Geschichte der Höfe des Hauses Sachsen, Bd. 5, Hamburg 1854

Heckmann, Hermann: Matthäus Daniel Pöppelmann. Leben und Werk, München / Berlin 1972

Kathe, Heinz: Der «Soldatenkönig» Friedrich Wilhelm I., Berlin 1978

Linden, A. v. d.: Memoiren der Markgräfin von Baireuth, Berlin 1908

Marx, Harald (Hg.): Matthäus Daniel Pöppelmann, Leipzig 1900

Memoiren der Markgräfin Wilhelmine von Bayreuth, 2 Bde., Leipzig 1927

Mittenzwei, Ingrid: Friedrich II. von Preußen. Eine Biographie, Berlin 1979

Johann Matthias Reichsgrafen von der Schulenburg Leben und Denkwürdigkeiten, Leipzig 1834

Sonnemann, Rolf, Eberhard Wächtler (Hg.): Johann Friedrich Böttger. Die Erfindung des europäischen Porzellans, Leipzig 1982

Staszewski, Jacek: August III. Kurfürst von Sachsen und König von Polen. Eine Biographie, Berlin 1996

Unger, Matthias: Auf den Spuren der Gräfin Cosel, Arnstadt 1995

Voltaire, Histoire de Charles XII., Roi de Suède, Leipzig 1836

Watzdorf, Erna von: Johann Melchior Dinglinger. Der Goldschmied des deutschen Barock, 2 Bde., Berlin 1962

Weber, Karl von: Moritz Graf von Sachsen, Leipzig 1863

Weber-Kellermann, Ingeborg (Hg.): Wilhelmine Friederike Sophie Markgräfin von Brandenburg-Bayreuth, Frankfurt am Main 1981

Wittram, Reinhard: Peter, Czar und Kaiser, 2 Bde., Göttingen 1964

Zürner, Adam Friedrich: Atlas Augustaeus Saxonicus, Augusteisch Chursächsischer Atlas, Dresden o. J.

Gesamtdarstellungen

Arnold, Ernst: August der Starke. Sein Leben und Lieben, 2. Aufl., Stuttgart o. J.

Bengtsson, Frans G.: Karl XII. 1682 – 1707, Zürich 1938

Beschorner, Hans: Augusts des Starken Leiden und Sterben, Dresden 1937

Budaeus, Johann Christian Gotthelf: Das glorwürdigste Leben und die unvergleichlichen Thaten Friedrich

Augusti des Großen, Königs in Pohlen und Chur-Fürstens zu Sachsen, Leipzig 1734

Fassmann, Daniel: Das glorwürdigste Leben und Thaten Friedrich Augusti des Großen, Königs von Pohlen und ChurFürsten zu Sachsen, Hamburg / Frankfurt am Main 1733

Förster, Friedrich Christoph: Friedrich August II., König von Polen und Kurfürst von Sachsen, Potsdam 1839

Gurlitt, Cornelius: August der Starke, 2 Bde., Dresden 1924

Haake, Paul: August der Starke im Urteil seiner Zeit, Dresden 1922

–: August der Starke, Berlin / Leipzig 1927

–: Christiane Eberhardine und August der Starke. Eine Ehetragödie, Dresden 1930

Held, Wieland: Der Adel und August der Starke, Köln 1999

Hoffmann, Gabriele: Constantia von Cosel und August der Starke, Bergisch Gladbach 1984

Luenig, Johann Christian (Hg.): Codex Augusteus, 3 Bde., Leipzig 1724

Nadolski, Dieter: Die Affären Augusts des Starken, Taucha 1994

–: Die Ehetragödie Augusts des Starken, Taucha 1994

–: August der Starke. Sein Leben in Bildern, Taucha 1997

–: Gräfin Cosel. Ihr Leben in Bildern, Taucha 1998

–: Wahre Geschichten um August den Starken, Taucha 2000

Piltz, Georg: August der Starke. Träume und Taten eines deutschen Fürsten, Berlin 1986

Pöllnitz, Charles Louis Baron de: Der verschwenderische Liebhaber oder Das galante Sachsen, Frankfurt am Main 1964

Pönicke, Herbert: August der Starke: Ein Fürst des Barock. In: Persönlichkeit und Geschichte, Bd. 71, Göttingen 1972

Schreiber, Hermann: August der Starke, München 1995

Süßenguth, Mario: Der kulinarische König, München / Berlin 2002

Vogel, Dagmar: Die Kinder Augusts des Starken, Taucha 1994

–: Vorkommnisse am Augusteischen Hof, Taucha 1994

Weber, Ingrid S.: Planetenfeste August des Starken zur Hochzeit des Kurprinzen 1719, München 1985

Aufsatzsammlungen

Ay, Karl-Ludwig: Ständisches Mitspracherecht und adliges Sonderinteresse im Territorialstaat. In: Ferdinand Seibt (Hg.): Gesellschaftsgeschichte. Festschrift für Karl Bosl, Bd. 1, München 1988

Beschorner, Hans: Augusts des Starken Leiden und Sterben. In: Neues Archiv für sächsische Geschichte und Altertumskunde, 58, 1, 1937

Blaschke, Karlheinz: Kritische Beiträge zu einer Biographie des Kurfürsten Friedrich Augusts I. von Sachsen. In: August der Starke und seine Zeit. Saxonia. Schriftenreihe des Vereins für sächsische Landesgeschichte, 1, Dresden 1995

Czok, Karl: August der Starke. Sein Verhältnis zum Absolutismus und zum sächsischen Adel. In: Sitzungsberichte der Sächsischen Akademie der Wissenschaften zu Leipzig. Phil.-hist. Klasse, 131, Heft 3, Berlin 1991

–: Zur Absolutismuspolitik Augusts des Starken – am Beispiel der Revisionskommission. In: August der Starke und seine Zeit. Saxonia. Schriftenreihe des Vereins für sächsische Landesgeschichte, 1, Dresden 1995

Forberger, Rudolf: Die Manufaktur in Sachsen vom Ende des 16. bis zum Anfang des 19. Jahrhunderts. Deutsche Akademie der Wissenschaften zu Berlin. Schriften des Instituts für Geschichte, Reihe 1: Allgemeine

und Deutsche Geschichte, 3, Berlin
1958
Groß, Reiner: Kurfürst Friedrich August I. von Sachsen – Betrachtung
über ein Fürstenleben. In: August
der Starke und seine Zeit. Saxonia.
Schriftenreihe des Vereins für sächsische Landesgeschichte, 1, Dresden
1995
Günther, Arno: Das schwedische
Heer in Sachsen 1706–1707.
In: Neues Archiv für sächsische
Geschichte und Altertumskunde,
25, 1904
–: Die Entstehung des Friedens von
Altranstädt. In: Neues Archiv für
sächsische Geschichte und Altertumskunde, 27, 1906
Haake, Paul: La société des antisobres. In: Neues Archiv für sächsische Geschichte und Altertumskunde, 21, 1900
–: Die Türkenfeldzüge Augusts des
Starken 1695 und 1696. In: Neues
Archiv für sächsische Geschichte
und Altertumskunde, 24, 1903
–: Die Wahl Augusts des Starken
zum König in Polen. In: Historische
Vierteljahresschrift, Jg. 9, 1906
–: August der Starke, Kurprinz Friedrich August und Premierminister
Graf Flemming im Jahre 1727.
In: Neues Archiv für sächsische
Geschichte und Altertumskunde,
49, 1, 1928
Hoyer, Siegfried: Wie absolut war
August? In: August der Starke und
seine Zeit. Saxonia. Schriftenreihe
des Vereins für sächsische Landesgeschichte, 1, Dresden 1995
Oestreich, Gerhard: Geist und
Gestalt des frühmodernen Staates.
Ausgewählte Aufsätze, Berlin 1969
–: Strukturprobleme der frühen Neuzeit. Ausgewählte Aufsätze, Berlin
1980

Untersuchungen

Andersson, Ingvar: Schwedische
Geschichte, München 1950
Asche, Siegfried: Balthasar Permoser
und die Barockskulptur des
Dresdner Zwingers, Frankfurt am
Main 1960
Bassermann, Lujo: Die ungekrönte
Geliebte, Düsseldorf 1967
Biedermann, Karl: Deutschland im
Achtzehnten Jahrhundert, 2 Bde.,
Leipzig 1854–1880
Böttiger, Carl Wilhelm: Geschichte
des Kurstaates und Königreichs
Sachsen, Hamburg 1831
Fellmann, Walter: Mätressen, Leipzig
1994
Flake, Otto: Große Damen des Barocks, Gütersloh 1961
Förster, Friedrich Christoph: Die
Höfe und Cabinette Europas im
achtzehnten Jahrhundert, Potsdam
1839
Foerster, Rolf Hellmut: Die Welt des
Barock, München 1970
Gössel, Heinrich: Die kursächsische
Landtagsordnung von 1728, Weida
1911
Gretschel, Carl: Geschichte des
Sächsischen Volkes und Staates,
Leipzig 1847
Haake, Paul: Kursachsen oder Brandenburg-Preußen? Geschichte eines
Wettstreits, Berlin 1939
Hartmann, Hans-Günther: Pillnitz.
Schloß, Park und Dorf, Weimar
1981
Hentschel, Walter: Die sächsische
Baukunst des 18. Jahrhunderts in
Polen, Berlin 1967
Kracke, Friedrich: Das Königliche
Dresden. Erinnerungen an Sachsens Landesväter und ihre Residenzstadt, Boppard 1972
Kroll, Frank-Lothar: Die Herrscher
Sachsens, München 2004
Löffler, Fritz: Das alte Dresden,
Leipzig 1982
–: Der Zwinger in Dresden, Leipzig
1985

Menzhausen, Joachim: Das Grüne Gewölbe, Leipzig 1968

Müller, Reinhold: Die Armee Augusts des Starken, Berlin 1984

Pekrun, R.: Hof und Politik Augusts des Starken im Lichte des Portrait de la Cour Pologne, Friedland in Mecklenburg 1914 / 1915

Schmidt, Otto Eduard: Kursächsische Streifzüge, Dresden 1926

Schulte, Aloys: Markgraf Ludwig Wilhelm von Baden und der Reichskrieg gegen Frankreich 1693 – 1697, Bd. 1, Karlsruhe 1892

Sponsel, Jean Louis: Kabinettsstücke der Meißner Porzellan-Manufaktur von Johann Joachim Kändler, Dresden o. J.

–: Der Zwinger, die Hoffeste und die Schloßbaupläne zu Dresden, Dresden 1924

Springer, Christian (Hg.): Poststraßen, Postkutschen, Postreisescheine, Köln 1982

Thum, Walter: Die Rekrutierung der sächsischen Armee unter August dem Starken, Leipzig 1912

Vehse, Eduard: Geschichte der Höfe des Hauses Sachsen, Hamburg 1854

Wieke, Thomas: First Ladies, Berlin 1995

Wustmann, Gustav: Bilderbuch aus der Geschichte der Stadt Leipzig für Alt und Jung, Leipzig 1897

NAMENREGISTER

*Die kursiv gesetzten Zahlen bezeichnen
die Abbildungen.*

Albani, Annibale 81
Anna Sophie, Prinzessin von Däne-
    mark, Kurfürstin von Sachsen
    (Mutter) 7 – 11, 16 f., 19 f., 27, 32, 34,
    44, 53, 65, 81 f., 84, 91, *8*
Anton, Paul 12, 14
Apel, Andreas Dietrich 104

Beichling(en), Gottfried Hermann
    Graf von 23
Bellegarde, Claude Maria de 68
Bellegarde, Friederike Auguste de 68
Bellegarde, Moritz de 68
Bernhardi, Christoph 9
Besser, Heinrich 21
Besser, Johann von 99
Bielinski, Michael Graf von 68
Böttger, Johann Friedrich 74 ff., 103,
    75
Bose, Johann Balthasar von 48
Bose sen. (Geheimer Rat) 50
Brockdorff, Marie Elisabeth von 10 f.

Christian Ernst, Markgraf von Bran-
    denburg-Bayreuth (Schwiegervater)
    17, 19, 48, 63
Christiane Eberhardine von Bran-
    denburg-Bayreuth, Kurfürstin von
    Sachsen (Ehefrau) 17 – 20, 22, 27,
    29 ff., 33 f., 42, 44, 48 f., 61 ff., 65,
    81 f., 84, 91, 99, 101, 126, 147, *20, 92*
Clemens XI., Papst 1700 – 1721 57,
    65, 81, 88
Constantini, Angelo 79
Conti, François Louis, Prinz de 35 f.,
    39, 44
Cosel, Anna Constantia Reichsgräfin
    von, geb. von Brockdorff, gesch.
    von Hoym 60 – 63, 68, 70, 77 f., 80 f.,
    86 – 90, 119, *61*
Cosel, Augusta Constantia von, verh.
    Gräfin von Friesen (Tochter) 63, 77,
    80, 112, 119 ff., *113*
Cosel, Friederike Alexandra von,
    verh. Gräfin von Mosczynska

(Tochter) 63, 80, 112, 119 f., 132,
    134, *113*
Cosel, Friedrich August Graf von
    (Sohn) 24, 63, 86 f., 112, 119 f., *87*
Czartoryski, Fürst 124

Dabski, Stanislaus, Bischof von
    Kujawien 39
Dieskau, Erdmuthe Sofia von,
    verh. von Loß 97 f., *98*
Dinglinger, Johann Melchior 101,
    110 f., *110*
Dönhoff, Bogislaus Ernst Graf von
    88
Dönhoff, Maria Magdalena Gräfin
    von 87 – 90, 97, *88*
Duparc, Angélique 77 f., *78*
Duval (Drian, Renard?), Henriette,
    verh. Francose 68 f., 117, *69*

Eleonore Erdmuthe Luise von Ans-
    bach, Kurfürstin von Sachsen
    (Schwägerin) 20 f., 23, 33
Elisabeth Charlotte von der Pfalz
    s. u. Liselotte von der Pfalz
Ernst August I., Kurfürst von Han-
    nover 26
Erskine, Philipp 46
Esterle, Maximiliane Hiserle von
    Chodau, Gräfin 31 f., 42 f., *32*
Esterle, Graf 31 f., 42

Flemming, Jakob Heinrich Graf von
    34, 36, 38 f., 42, 45 f., 54, 56 f., 70 f.,
    73, 77, 86 – 90, 98 f., 114, 116, 125,
    129 f., 132, 136, 147, *35*
Francose (Ehemann von Henriette
    Duval) 69, 117
Francose, Anna Cathérina s. u.
    Orczelska, Anna Cathérina
Frederik III., König von Dänemark
    1648 – 1670 (Großvater) 7
Frederik IV., König von Dänemark
    und Norwegen 1699 – 1730, Herzog
    von Schleswig und Holstein 78 ff.,
    110, 131
Friederike Sophie Wilhelmine,
    Prinzessin von Preußen, Mark-
    gräfin von Bayreuth 131 f., 148
Friedrich I., König in Preußen
    1701 – 1713, als Friedrich III. Kur-

fürst von Brandenburg 53 f., 75, 79 f., 131

Friedrich II., der Große, König von Preußen 1740–1786 129 ff.

Friedrich III., der Weise, Kurfürst von Sachsen 1486–1525 62

Friedrich August II., Kurfürst von Sachsen 1733–1763, als August III. König von Polen (Sohn) 24, 29, 31 f., 34, 43, 64 f., 81 f., 84 ff., 91, 98 f., 101 f., 116 ff., 120, 122, 124, 126, 130, 137, 66

Friedrich Ludwig, Graf von Württemberg 60

Friedrich Wilhelm I., König in Preußen 1713–1740 76, 96, 99, 110, 113 f., 128 f., 131, 134–137, 148, 127

Friesen, August Heinrich von 120 f.

Friesen, Augusta Constantia von s. u. Cosel, Augusta Constantia von

Friesen, Friedrich von 120 f.

Friesen, Heinrich Friedrich Graf von 119 ff., 130

Fröhlich, Joseph 94

Fürstenberg, Anton Egon Fürst von 40, 48 f., 70, 74

Georg Ludwig, Kurprinz von Hannover, als Georg I. König von England 26

Grumbkow, Friedrich Wilhelm von 128, 137 ff.

Grundling (auch Gundling), Nicolaus Hieronymus 29

Haake, Paul 147

Haugwitz (Feldmarschall und Geheimer Rat) 27, 50

Haxthausen, Christian August von 10, 12 ff., 23, 40, 46

Heucher, Johann Heinrich 124, 139

Holstein-Beck, Karl-Ludwig Herzog von 126

Holtzendorff, Gräfin (Ehefrau von Friedrich August von Cosel) 86

Honecker, Erich 148

Hoym, Adolf Magnus Gotthelf Graf von 58–61, 70, 77, 59

Hoym, Ludwig Gebhard von 23

Imhoff, Anton Albrecht von 67 f., 71

Innozenz XI., Papst 1676–1689 35

Innozenz XII., Papst 1691–1700 40, 48

Jan (Johann) III. Sobieski, König von Polen 1674–1696 34 ff.

Johann Georg, Chevalier de Saxe (Sohn) 24, 60, 119 f., 132 f., 135, 133

Johann Georg II., Kurfürst von Sachsen 1656–1680 (Großvater) 7, 9, 16

Johann Georg III., Kurfürst von Sachsen 1680–1691 (Vater) 7–12, 14, 16, 19, 23 f., 8

Johann Georg IV., Kurfürst von Sachsen 1691–1694 (Bruder) 7–10, 13, 15 f., 20–24, 33, 147, 16

Joseph I., Kaiser 1705–1711 78, 84

Karl VI., Kaiser 1711–1740 84, 91, 99

Karl XII., König von Schweden 1697–1718 (Cousin) 52 f., 55–59, 65 ff., 69, 71–74, 79, 90, 96, 55

Karl Philipp, Pfalzgraf von Pfalz-Neuburg 35

Kessel, Sophie von, verh. Haugwitz 27

Klengel, Wolf Caspar von 9 f., 105

Knoch, Johann Ernst von 9, 50

Königsmarck, Maria Aurora Gräfin von 25–33, 46 f., 56, 105 f., 28

Königsmarck, Philipp Christoph Graf von 15, 26, 46 f.

Lamprecht, Karl 148

Lehmann, Berend 38

Leopold, Herzog von Lothringen 35

Leopold I., Kaiser 1658–1705 24 f., 29 ff., 40

Leopold I., Fürst von Anhalt-Dessau 136

Liselotte (eigtl. Elisabeth Charlotte) von der Pfalz, Herzogin von Orléans 12 ff., 69 f.

Loeben, Johanna Victoria Tugendreich von 31

Loen, Johann Michael von 39, 79, 93, 95, 147

Loß, Johann Adolf von 98

Löwendahl, Woldemar Baron von 70, 112

Lubomirska, Ursula Catherina, geb. von Boccum, Reichsfürstin von Teschen 48 f., 57, 60, 132, *49*
Lubomirski, Georg Dominic Fürst von 48
Lubomirski, Jerzy Ignacy 97
Ludewig, Johann Peter von 29
Ludwig XIV., König von Frankreich 1643–1715 12 ff., 35 f., 128, 147
Ludwig XV., König von Frankreich 1715–1774 31
Ludwig Wilhelm I., Markgraf von Baden 35 f.
Luther, Martin 9

Manteuffel, Ernst Christoph Freiherr, später Graf von 70, 117, 128
Maria Josepha von Habsburg, Erzherzogin von Österreich (Schwiegertochter) 84, 91, 98–101, 120, 126, *100*
Maximilian II. Emanuel, Kurfürst von Bayern 35
Montmorency, Alexander Joseph Graf von 121
Mordax, Johann Siegmund von 78
Moritz von Sachsen (Sohn) 24, 29 ff., 68, 105, 119 f., 126, 130, 135, *30*
Mosczynska, Friederike Alexandra von s. u. Cosel, Friederike Alexandra von
Mosczynski, Johann Xantius Anton Graf von 134

Neitschütz, Ursula Margarete von 21 ff.
Neitschütz, Sibylla Magdalena von, Reichsgräfin von Rochlitz 7, 21 ff., 147, *21*

Odescalchi, Livio 35
Orczelska, Anna Cathérina Gräfin von (Tochter) 69, 117–120, 126, 129 ff., *117*
Orléans, Philipp I., Herzog von 13
Ortgies, Franz Hermann 90
Osterhausen, Henriette Baronesse von 101 f., *102*

Patkul, Johann Reinhold von 54 f., 59, 67, 72

Pauli, Matthäus von 12, 14
Permoser, Balthasar 108, 111, *108*
Peter I., der Große, Zar von Russland 52 f., 55 f., 59 f., 67, 74, 79 f., 90 f., 96, 110, 118, *53*
Petit, Jean Louis 125
Pfingsten, Georg 67 f., 71
Pflugk, August Ferdinand Graf von 70
Philipp II., König von Spanien 14
Piper, Karl Graf 67
Pöppelmann, Carl Friedrich 108 f., 129, 139
Pöppelmann, Johann Adolf 108
Pöppelmann, Matthäus Daniel 105–109
Przebendowski, Jan Jerzy 36, 38

Radziejowski, Michael, Kardinalprimas von Polen 39, 57
Reibold, Philipp Ferdinand von 50
Richmond, Charles Lennog Herzog von 15
Rochlitz, Wilhelmine Maria Friederike Comtesse von (Nichte) 7, 21 ff.
Rohr, Julius Bernhard von 94
Rutowska, Maria Aurora Gräfin von, verh. Bielinska (Tochter) 68, 115 f., 119 f., 130, 135, *116*
Rutowski, Friedrich August Graf von (Sohn) 24, 47, 68, 115 ff., 119 f., 130 f., 133, 135 f., *119*

Sachsen-Zeitz, Christian August von, Bischof von Raab (Cousin) 38, 40
Sand, George 31
Schöning, Hans Adam von 24 f.
Schulenburg, Johann Matthias von der 56 f., 134
Seckendorff, Friedrich Heinrich Freiherr von 128, 138
Sobieski, Jakub 35 f., 39
Sophie, Kurfürstin von Hannover 13
Sophie Dorothea von Celle, Kurprinzessin von Hannover 26
Sophie Luise, Markgräfin von Brandenburg-Bayreuth (Schwiegermutter) 17, 19, 31, 48

Spiegel, Fatima von 46 f., 68, 115, 135, *47*
Spiegel, Friedrich August s. u. Rutowski, Friedrich August
Spiegel, Johann Georg von 47, 68, 135
Spiegel, Maria Aurora von s. u. Rutowska, Maria Aurora von
Sponsel, Jean Louis 148
St. Giles 122
Stanislaus I. Leszczynski, König von Polen 1704–1709 und 1733–1735 57, 69, 80, 96

Tanner, Karl 87
Thomasius, Christian 29
Tramm von Stammbach, Johannes 19
Triller, Daniel Wilhelm 111

Tschirnhaus, Ehrenfried Walther Graf von 74 f.

Ulrike Eleonore, Königin von Schweden 96

Vitzthum zu Eckstädt, Friedrich von 12, 14, 48, 121 f.
Voltaire (eigtl. François Marie Arouet) 147

Wackerbarth, August Christoph Graf von 70, 77, 100, 122, 132
Weiß, Johann Friedrich 125
Winkel, Heinrich Christoph 31
Wisniowiecki, Michael Serwacy Fürst von 42

Zürner, Adam Friedrich 113

Über die Autorin

Katja Doubek, geboren 1958, studierte in Frankfurt, Mainz und München Germanistik, Geschichte, Philosophie und Psychologie. Sie schrieb für die «Frankfurter Allgemeine Zeitung» und arbeitete für verschiedene Rundfunk- und Fernsehsender. Nach dem Psychologiestudium war sie einige Zeit als Psychotherapeutin tätig und begann parallel mit der Veröffentlichung von Ratgebern und Sachbüchern. Heute ist sie als Biographin historischer Figuren etabliert. Unter anderem schrieb sie: «Blue Jeans. Levi Strauss und die Geschichte einer Legende» (2003), «Katharina Kepler. Die Hexenjagd auf die Mutter des großen Astronomen» (2004), «Gräfin Cosel. Liebe und Intrigen am Hof Augusts des Starken» (2006). Die Autorin ist verheiratet, hat zwei erwachsene Kinder und lebt in München und Italien.

Dank

Ein herzliches Dankeschön meiner Lektorin Regina Carstensen, die mit großem Engagement und Fachwissen zum Gelingen dieses Buches beigetragen hat. Außerdem möchte ich mich bei Katrin Finkemeier sowie ihren Kollegen und Kolleginnen für Geduld und Mühe bedanken, mit denen sie sich um Gestaltung und Bebilderung des Textes gekümmert haben. Uwe Naumann danke ich für die jederzeit anregende und oft vergnügliche Zusammenarbeit. Dank auch meiner Agentin Karin Graf, die mich wie immer hervorragend betreut hat. Meinem Mann danke ich von Herzen für seine Unterstützung und Hilfe.

Cara Assunta, mille grazie per la tua meravigliosa cucina casalinga e per prenderti cura della nostra casa, quando siamo in Germania!

QUELLENNACHWEIS DER ABBILDUNGEN

akg-images, Berlin: Umschlagvorderseite, 1+3, 30, 42/43, 45, 53, 55, 82, 83, 84, 92, 100, 101, 108, 110, 117, 127, 138
ullstein bild, Berlin: 6, 20, 106, 107
SLUB/Deutsche Fotothek, Dresden: 8 links (Familienverein Wettin; Foto: Walter Möbius, 1934), 8 rechts (Staatliche Kunstsammlungen Dresden; Foto: Walter Möbius, 1934), 11 (Kriegsverlust; Foto: Walter Möbius), 16 (Kriegsverlust; Foto: Walter Möbius), 21 (Staatliche Kunstsammlungen Dresden, Kupferstichkabinett), 35 (Original Kriegsverlust; Staatliche Kunstsammlungen Dresden, Gemäldegalerie Alte Meister, Dauerleihgabe an das Barockschloss Moritzburg; Foto: Regine Richter), 49 (Staatliche Kunstsammlungen Dresden, Gemäldegalerie Alte Meister; Foto: Christa Hüttel), 61 (Staatliche Kunstsammlungen Dresden, Gemäldegalerie Alte Meister, Dauerleihgabe an das Barockschloss Moritzburg; Foto: Asmus Steuerlein), 66 (Staatliche Kunstsammlungen Dresden, Skulpturensammlung; Foto: Jürgen Karpinski), Umschlagrückseite oben (Barockschloss Moritzburg), Umschlagrückseite unten (Staatliche Kunstsammlungen Dresden, Gemäldegalerie Alte Meister)

Aus: Dieter Nadolski: August der Starke. Sein Leben in Bildern. Taucha 1997: 18 (Staatsarchiv Dresden)
© Bildarchiv Preußischer Kulturbesitz, Berlin: 28, 47, 75
Aus: Reinhard Delau: August der Starke und seine Mätressen. Dresden 2005: 32, 69, 78, 88 (Königliches Lazienki Museum, Warschau), 98, 102
© Manfred Jakoby, www.sachsen-wandern.de: 33
Staatliche Kunstsammlungen Dresden: Skulpturensammlung: 51; Kupferstichkabinett: 59 (Foto: Estel), 72/73 (Foto: Herbert Boswank); Gemäldegalerie Alte Meister: 119, 133
Burg Stolpen (Fotos: Dietmar Berthold, Dresden): 87, 113 (beide gestohlen 1993, Verbleib unbekannt)
Sächsisches Staatsarchiv – Hauptstaatsarchiv Dresden: 105 (10026 Geheimes Kabinett, Loc. 2097/33, Bl. 34)
Peter Palm, Berlin: 114/115 (© Rowohlt Verlag)
Aus: Heinrich Zerkaulen: Jagdschloß Moritzburg. In: Velhagen und Klasings Monatshefte, Jg. 1935, S. 277 ff. (Abb. S. 291): 116

Trotz sorgfältiger Recherchen konnten nicht alle Rechteinhaber ermittelt werden. Der Verlag ist bereit, berechtigte Ansprüche in üblicher Weise abzugelten.

rowohlts monographien

Politik und Geschichte

Anne Frank
Matthias Heyl
rororo 50524

Kemal Atatürk
Bernd Rill
rororo 50346

Friedrich II. der Große
Georg Holmsten
rororo 50159

Adolf Hitler
Harald Steffahn
rororo 50316

Katharina die Große
Reinhold Neumann-Hoditz
rororo 50392

Willy Brandt
Carola Stern
rororo 50576

August der Starke
Katja Doubek
rororo 50688

Napoleon
Volker Ullrich
rororo 50646

Marco Polo
Otto Emersleben
rororo 50473

Mahatma Gandhi
Susmita Arp

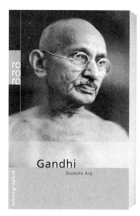

rororo 50662

Weitere Informationen in der Rowohlt Revue *oder unter* www.rororo.de